PLUTOCRACIA
Tiranosaurios del Antropoceno

Jorge Majfud

Humanus
SAN DIEGO-ACAPULCO

Plutocracia. *Tiranosaurios del Antropoceno*
© Jorge Majfud 2023
jmajfud@ju.edu

© HUMANUS │ JULIO 2024
ISBN: 978-1-956760-96-5

humanus.info
E-Mail: editor@humanus.info

*Lo recaudado por este libro en derechos de autor será donado a los niños
sobrevivientes del conflicto a través de organismos internacionales
acreditados por la ONU*

"Los protectores de nuestras industrias".
Bernhard Gillam, Revista *Puck*, Nueva York, 1883.

NO SEÑOR, USTED NO ES CAPITALISTA

UN ATARDECER DE OTOÑO DE 2008 o 2009 tuve una conversación en un estacionamiento con uno de los guardianes del campus de la universidad en Pennsylvania en la que trabajaba. El señor, un hombre en sus sesenta a quien siempre aprecié y creo que él me apreciaba igual, con una seguridad que se la envidio, me dijo:

"Yo pienso así porque soy capitalista".

Agotado por una larga jornada le dije, sin pensar que no era el momento ni el lugar:

"No, señor, usted no es capitalista. Usted es un trabajador asalariado. Usted no es capitalista, sólo tiene fe en el capitalismo, como tiene fe en Jesús; pero de la misma forma en que usted no es Jesús, tampoco es capitalista".

DODECÁLOGO PARA LAS COLONIAS REBELDES

1. Llama "régimen" a todo gobierno no alineado.
2. Acósalo y bloquéalo.
3. Destruye su economía.
4. Contribuye al caos social tanto como puedas.
5. Repite que el fracaso es prueba de que no existen alternativas.
6. Financia a los "luchadores por la libertad".
7. Reemplaza sus gobiernos irresponsables por regímenes amigos.
8. Llámalo "restauración de la democracia".
9. Suspende el acoso y el bloqueo económico.
10. Envía barcos llenos de capitales con "ayuda para el progreso".
11. Asegura la "libre competencia" para tus negocios.
12. Repite.

DODECÁLOGO PARA LAS COLONIAS OBEDIENTES

1. Repite que la culpa es de quienes están debajo del Individuo y de los políticos corruptos que están arriba.
2. El Individuo entenderá que es el momento de probar algo nuevo.
3. Busca un *outsider*. Preséntalo como alguien que nunca robó.
4. Repite que la solución es obvia y fácil para el nuevo iluminado.
5. Al llegar al gobierno, advierte que, debido a una herencia inesperada, la solución va a ser dolorosa. Anuncia un ajuste —para el Individuo y para los de abajo.
6. Una vez en el pozo, recuérdale al Individuo que se trata de construir las fundaciones sólidas de la alta torre. Él no aceptará que se ha equivocado.
7. Cuando comience a dudar, dile que los críticos no lo dejan gobernar.
8. En la agonía, cualquier mejora es una bendición. El Individuo sentirá que ha salido del pozo, aunque antes de construir las fundaciones.
9. Está mejor que ayer, pero igual que antes y se repite "No lo volvería a votar".

10. Momento en que debe aparecer un nuevo candidato. Alguien que nunca ha robado.

11. Hay que probar algo realmente nuevo.

12. La solución va a ser dolorosa, pero se trata de la fundación; del pozo de la fundación de la alta torre.

LA ANTI—ILUSTRACIÓN
PARA EL SIGLO XXI

Axioma Geopolítico:

La paz es sólo rentable para los pueblos.
No para los inversores de capitales.

Como todo axioma, es demasiado básico como para que se pueda ver con claridad entre el humo de las guerras perpetuas.

El Proyecto 2025

EL PROYECTO 2025, ASOCIADO a las promesas programáticas e ideológicas de Donald Trump en caso de ganar las elecciones de 2024, es una de las puntas del iceberg político y geopolítico actual de Occidente. Fue una invención de *The Heritage Foundation*, uno de los *think tanks* más poderosos del mundo, fundado en 1973 como reacción a la ola popular de la lucha por los derechos civiles en Estados Unidos, de la descolonización en África y de los múltiples movimientos de liberación en América Latina, como la Teología de la

Liberación, todos opuestos a la Guerra de Vietnam y a la cultura consumista, entre otras reivindicaciones existenciales.

La Fundación Heritage se define como un *"business activist movement"* (movimiento de activismo pro-negocios). Por *negocios* se entiende *libertad,* en el sentido literal que se entendía en el siglo XIX: la libertad de los amos a esclavizar al resto por el bien del resto. Luego del fiasco de la gira de Nixon por América del Sur en 1958, el presidente Eisenhower observó que, por alguna razón, en aquellos países donde Washington había sostenido dictaduras como la de Pérez Jiménez en Venezuela, la palabra *capitalismo* estaba asociada a *imperialismo,* por lo cual ordenó reemplazarla por "libertad de empresa". Luego se simplificó el lema a una sola palabra, *libertad,* para hacerla más universal y efectiva. Había más rabajadores que empresarios y nadie podía oponerse a algo tan deseado como la libertad. A los años de rebeliones que la izquierda llamó *liberación,* la derecha identificó el problema como *"un exceso de democracia".* Así lo definió el profesor y mogul de la derecha, Samuel P. Huntington en 1975. Huntington alertó en una conferencia que había una tendencia mundial hacia una *extensión general de la democracia,* con resultados catastróficos. La experiencia de Allende en Chile, declaró Huntington, fue *"un exceso de democracia que condujo a un golpe de Estado que ha restaurado la estabilidad política".* No por casualidad los primeros *think tanks* aparecieron en Europa hace un siglo, para corregir los excesos de democracia y promover la agenda fascista que logró imponerse años después.

El Proyecto 2025 tiene varios objetivos declarados. Algunos son espadas de doble filo. (1) Expandir los poderes del presidente, sustituyendo leyes por decretos, órdenes ejecutivas e interpretación de leyes. (2) Darle al presidente más autonomía para administrar la economía y la política internacional. (3) Reducir las injustas políticas de protección ambiental contra la contaminación de los combustibles fósiles. (4) Recortar fondos para los planes públicos de salud, como Medicaid y Medicare. (5) Eliminar el Departamento de Educación. (6) Eliminar los programas en favor de la diversidad, lo que llaman Woke o "racismo anti-blanco". (7) Erradicar a la izquierda de la educación, limitando la libertad de cátedra e imponiendo su comercialización a través de la privatización subsidiada por el gobierno.

Una acusación falsa, pero que nunca falla en la lógica del "menú político", declara que este Proyecto también se propone (8) "luchar contra el antisemitismo de las universidades de Estados Unidos". Más adelante, algo que la izquierda también apoyaría con gusto, y que se contradice con gran parte de las propuestas anteriores: (9) "luchar contra el *Deep State*", es decir, contra los poderes oscuros y permanentes del gobierno de Estados Unidos. Como, por ejemplo, la CIA. Claro que la historia dice otra cosa: la CIA fue siempre (*siempre*) la mano invisible del mercado y del imperialismo capitalista. En fin, es parte del menú.

Otras de las prioridades del Proyecto es (10) promover "leyes más estrictas contra la inmigración ilegal", lo cual es consistente no sólo con la preocupación del mito decimonónico del *reemplazo racial* y del "genocidio blanco" (mientras fueron inmigrantes anglosajones nunca hubo problema) y con la obsesión de políticos, teóricos y millonarios como Elon Musk por (11) promover la producción de hijos conservadores (básicamente, blancos), a través de cheques del gobierno (*oops!*) y (12) derechos especiales, como el de un padre a votar por cada hijo menor, mientras (13) se elimina el derecho post Guerra Civil a la ciudadanía por nacimiento (es decir, de padres inmigrantes). Para todo eso, es necesario (14) sustituir a la policía por militares combatientes, algo hasta ahora ilegal. (15) Proteccionismo económico, tarifas de importación y guerra comercial contra China—exactamente como ocurrió en los siglos anteriores cuando el Imperio Británico liquidó el libre mercado, primero con tarifas contra la importación de deseados productos asiáticos y luego con la fuerza de sus cañones libertarios contra la industria ajena.

Ahora, no por casualidad, billonarios como Elon Musk son la punta de lanza ideológica. Musk se ha dedicado a criminalizar a los inmigrantes pobres y mestizos del Sur en su poderosa red X. Como siempre, los pueblos están a la merced de la infancia de los poderosos. Como Milei en Argentina, Elon no se pudo liberar del pasado abusivo de su padre, Errol Musk, un millonario blanco en la Sud África del Apartheid, padre de muchos hijos, uno de los cuales fue con su hijastra. Otro convencido del poder del pene blanco. "*Lo único para lo que estamos en la Tierra es para reproducirnos*", era su lema, algo que resuena en los pensamientos recientes de su hijo renegado Elon, quien también tuvo seis hijos con su primera esposa canadiense. Elon se había ido de Sud África en 1989 para evitar el servicio militar obligatorio, esas cosas de patriotas pobres. Luego de vender X.com, en 2004 compró la compañía Tesla. Siempre fue bueno vendiendo y comprando. Igual había hecho Jeff Bezos de Amazon, multimillonario y megalómano como él, quien también invirtió en la industria contaminante de los cuetes al espacio.

Ahora, para consumo del pueblo, el corazón ideológico de Proyecto 2025 es el (16) Nacionalismo cristiano. Su objetivo es (17) debilitar el gobierno federal erosionando la independencia de poderes y confirmar el poder de los Estados regionales, todo lo cual nos recuerda a un Neomedievalismo que lleva a la recuperación del poder de los señores feudales contra la limitación de los Estados centrales e, incluso, al esclavismo sureño en Estados Unidos, algo que ya explicamos en *Moscas en la telaraña*.

A este poder corporativo de los de arriba, los de abajo responderán básicamente de dos formas opuestas: un poder nacional y centralizado (neo-bolchevique) o gremios de base internacionales en contra de un poder centralizado, como en la Edad Media (neo-trotskismo, neo-anarquismo). Las actuales corporaciones de negocios son una herencia directa de las corporaciones colonialistas (*companies*) y de las asociaciones esclavistas durante la esclavitud de grilletes. De la misma forma que ahora la derecha triunfa en el poder concentrado (pero descentralizado) de los negocios y los lobbies, la izquierda resistirá a través de la militancia (re)organizada.

Cien días antes de las elecciones, el candidato Donald Trump les aseguró a sus "votantes cristianos" que las próximas elecciones eran de vital importancia y que luego "ya no necesitarían volver a votar". Como lo propusimos meses antes en algunas conferencias y en un brevísimo libro, se cumple la fórmula $P = d.t$ sobre el derrumbe de una democracia liberal hegemónica en una verticalidad fascista o bananera.

La dictadura de los millonarios

En las publicaciones de diversas redes sociales se suelen leer bellezas destacadas en formato pasacalle como *"No hay que enseñarle a los pobres a tener envidia de los ricos. Hay que enseñarles a generar riqueza"*. Este ejemplo lo he copiado de una señora de Facebook, quien tiempo atrás ofrecía a su esposo para realizar cualquier tipo de trabajo. No agregó "a cualquier precio" porque hubieses sido demasiada humillación.

Es un cliché y un fetiche popular apuntar a las altas torres de cristal como prueba del mérito de los ricos y de cuánto benefician a las sociedades. No importa si muchas de esas obras son hechas con intervención de los gobiernos y con dinero de los ciudadanos que no recibirán nada a cambio más que esos espejitos nuevos y los viejos espejismos de un futuro próspero. Aun cuando toda la *inversión* (que aman llamar *riesgo*) haya procedido de sus arcas de Alí Babá, ninguno de ellos movió nunca un dedo para construir nada. Quienes construyeron, los esclavos asalariados sobrevivientes de los frecuentes y mortales accidentes recibieron una ínfima parte para no morirse de hambre y seguir trabajando con ahínco, estimulados por la necesidad; nunca por la avaricia de hacerse ricos para producir tanta generosa riqueza.

Como los ricos no levantaron un ladrillo ni calcularon las estructuras, deben justificarse sobreestimando su capacidad intelectual y el *riesgo* que toman ofreciendo sus capitales para beneficio del pueblo. Lo mismo en la industria de alta tecnología. Si fuesen tan geniales y creativos habrían inventado algo o estarían en los equipos científicos, tecnológicos o de investigación social. No, ni eso. Están en los lobbies y sindicatos de millonarios, que son cuevas de Ali Baba, siempre ideando nuevas formas para robarle al resto de la población su esfuerzo y creatividad. Es lo único que saben hacer bien los miembros de la mayor y más brutal dictadura que ha conocido la historia, promotores de guerras, de dogmas internacionales y de odio entre los de abajo: blancos contra negros, gays contra heterosexuales, creyentes contra no creyentes, panaderos contra verduleros, votantes del Partido X contra votantes del Partido Y...

Mientras nosotros estamos tratando de entender el mundo aquí, ellos están conspirando para consolidar su poder de robo sobre el resto de la Humanidad. Robo de capitales y robo de conciencias.

En los 12.000 años de historia de la civilización, ningún hombre rico fue modelo moral ni pasó a la historia como un aporte a la Humanidad. En ningún caso ninguno nunca inventó nada, excepto negocios que les permitieron parasitar la creación, los inventos y la producción ajena. Pero en la anormalidad histórica de nuestro tiempo son héroes, creadores y recreadores de la Humanidad, como Prometeo o Quetzalcóatl. ¿Por qué? Porque tienen el poder de los medios. Porque tienen el dinero suficiente para comprar cuerpos y almas.

Si las personas tienen diferentes intereses y habilidades, ¿por qué, para el poder, solo cuentan aquellos fanáticos por el dinero? Porque el sistema está diseñado y organizado para que una fracción mínima de la humanidad motivada por una única obsesión patológica dicte sobre los demás: es la dictadura de los millonarios.

Pongamos un ejemplo mínimo. En nombre de la "libertad de expresión" todos los días Elon Musk sermonea al mundo desde su nueva casa (*Twitter/X*). Desde allí, tiene asegurado millones de lecturas de cada tontería que se le ocurre. No está allí por la superioridad de sus argumentos sino de sus dólares. ¿Me equivoco? Lo mimo da inundar la campaña electoral de Donald Trump con 45 millones de dólares mensuales (luego dijo que era mentira, ya que no era para Trump sino para su campaña, a través de la corrupción legalizada de los SuperPACs), o promover su odio contra su propia hija trans y culpar a la "cultura *woke*" como celebrar los golpes de Estado en el Sur Global justificados por sus recursos naturales (Bolivia, 2019, Venezuela 2024) o intentar desestabilizar el gobierno de Lula en Brasil o promover la candidatura de la oposición venezolana en cada elección. Para estos charlatanes con dinero, Dios siempre castiga a los malos. A ellos los castigan los pobres, los ideologizados por algún hijo gay o por no ser adulados de rodillas, como los dioses celosos que son. Celosos de sus propios egos y furiosos por todo aquello que no puede comprar el dinero, como los argumentos y la dignidad ajena.

Como toda dictadura global y dominante, la dictadura de los millonarios es abstracta, casi invisible como un reflejo lejano en un espejo, y se ejerce a través del miedo, de la fe y de la moral del esclavo. El esclavo feliz es capaz de defender a su amo y odiar a sus hermanos y vecinos para considerarse *un buen esclavo* y, a veces, en un candidato eterno a la esclavitud privilegiada de algún puesto gerencial o del éxito de un pequeño negocio que luego confundirá con Apple o Amazon y se incluirá en el gremio de los Bezos y los Musk, siempre culpando a los impuestos y a los trabajadores fracasados por los límites impuestos a su natural genialidad y a su bondad social derivada del dogma sobre el valor del egoísmo como motor del progreso, ese dogma perverso atribuido a Adam Smith como agregado de último momento a los Diez mandamientos de Moisés.

Comparar nuestro tiempo con los tiempos de la esclavitud no es, para nada, una exageración. Antes que la fiebre anglosajona inventase la esclavitud hereditaria y basada en una raza, por miles de años los esclavos fueron los sirvientes que trabajaban a cambio de su subsistencia. Con frecuencia, eran esclavos debidos a las deudas, desde los antiguos hasta los esclavos blancos llamados *indenture* en América. ¿Cuál es la diferencia de aquellos esclavos con la realidad actual? La mayoría de los trabajadores también trabaja por la subsistencia, sólo que no se les paga con casa, comida y vestimenta sino con algo más abstracto llamado dinero. De hecho, la abolición de la esclavitud de grilletes en América tenía ese incentivo: a partir de entonces los esclavos tenían que trabajar por salarios de miseria (muchas veces por la propina), lo cual le resultó por lejos más económicos a los nuevos *entrepreneurs*. La única innovación introducida por el fanatismo anglosajón contó en comercializar la existencia convirtiendo a hombres y mujeres de piel oscura en esclavitud de grilletes y a perpetuidad, algo que se heredaba por genética. Eso, en gran medida, terminó en el siglo XIX, porque fue reemplazado por la esclavitud antigua: esclavos por nacer pobres; criados, sirvientes, mantenidos, ocupantes. Esclavos por deudas...

Desde el siglo XX hasta hoy, quienes promueven algún tipo de resistencia a este orden (no en nombre de la libertad de los esclavistas sino de la liberación de los oprimidos) son tan cuestionados como los abolicionistas en el siglo XIX. Hay que mirar la historia porque la historia se repite siempre como la misma obra de teatro en diferentes escenarios y diferentes personajes.

"Vayan a trabajar, vagos" La frase favorita del esclavo con complejo de amo. Como siempre, los de arriba (Argentina, América Latina, Estados Unidos, Europa) desangran las clases trabajadoras de sus países y luego resulta que cualquier reacción callejera es la única violencia.

Para invisibilizar esta realidad, una de las estrategias más burdas es negar que todavía existen las clases trabajadoras, como que no existe el imperialismo–incluso abonado por progresistas entreguistas, saboteadores acomodados de las luchas populares.

Salidas a la dictadura de los millonarios

La esclavitud de grilletes fue el primer "gran negocio" de América en general y de Estados Unidos en particular. Es decir, fue la impronta, el ADN histórico que permea a todo nuevo desarrollo civilizatorio cuando se genera desde una célula madre —algo que desarrollamos hace más de una década y no tendremos espacio aquí para volver sobre lo mismo.

Esta realidad, la esclavitud de grilletes, no sólo consolidó una estructura económica, social, religiosa, ideológica, mediática, política y hasta electoral que persiste hasta hoy en día, sino que, como explicamos en *La frontera salvaje*, es la responsable de la expansión de las Trece Colonias sobre las Naciones Originarias y sobre más de la mitad de México, hasta convertirse más tarde en un imperio global.

Las corporaciones europeas de accionistas que saquearon Oriente y Medio Oriente a partir del siglo XVII se convirtieron en las corporaciones esclavistas en América y éstas, de nuevo, en las modernas corporaciones de accionistas luego de la Guerra Civil. Las corporaciones privadas (los piratas, *privateers*) que saqueaban las colonias para beneficio de los accionistas en Londres, París y Ámsterdam, invirtieron en el tráfico de esclavos y en el gran negocio de las plantaciones. A partir de 1865, los mismos bancos esclavistas continuaron dominando las finanzas del Mundo Libre. Así como "la raza libre" (*"the land of the free"*) se refería a los blancos esclavistas y luego al "mundo libre", los más poderosos millonarios estaban en el Sur esclavista, no en el Norte industrializado y proletario.

Ese modelo se sobrepuso a la derrota en la Guerra Civil con un rotundo éxito. Hoy los diez hombres más ricos (el patriarcado es otro capítulo) acumulan dos billones de dólares (lo mismo que un Brasil). Las diez compañías más poderosas acumulan veinte billones (una China o un Estados Unidos), mientras que las primeras diez corporaciones financieras suman 50 billones (China y Estados Unidos juntos). Éstas crean la divisa global, la administran y dominan la red financiera mundial, casi todas de Estados Unidos y Gran Bretaña. ¿Alguien piensa que este poder astronómico no se ocupa de política, de los medios de comunicación, de las formas de pensar y de sentir del resto del mundo?

Ahora, ¿cómo se soluciona esto? La historia nos recuerda algunas soluciones. En la antigüedad, se aceptaba el magnicidio como un recurso legítimo. Más tarde, en la Revolución Francesa, se cortaba la cabeza de los reyes y de los poderosos que habían abusado de su poder. En la Cuba de 1959, se recurrió a los juicios sumarios contra los responsables de torturas y asesinatos del régimen de Batista y de las mafias de los casinos que luego escaparon a Miami. En la

actual y próspera China (según su gobierno) a los funcionarios corruptos se los condena a la pena máxima. En Estados
Unidos (según estudios académicos), la pena de muerte suele
reservarse para negros pobres que matan mujeres blancas no
tan pobres.

Como nosotros somos civilizados, no vamos a proponer semejantes extremos. Podemos tolerar que, con nuestro
dinero, masacren decenas de miles de niños de un pueblo no
elegido como en Palestina, pero no la barbarie de cortarle la
cabeza al CEO de BlackRock o Lockheed Martin. Además,
sería un acto irrelevante. La abstracción del poder financiero
es de tal extremo que no existe esa cabeza para cortar.

Hay dos posibilidades. Una, es no hacer nada y esperar
a que el orden cleptocrático colapse bajo errores tecnológicos
y burocráticos propios, o bajo una masiva revuelta social, ace-
lerada por otras crisis, como la del cambio climático. Otra
opción más moderada sería comenzar a poner límites a este
robo universal. Una forma es estableciendo topes. Por ejemplo, mil millones, diez mil millones de dólares como propiedad máxima.

Bastante moderado ¿no? Aun así, sobreviviría el poder
abusivo de los capitales en la política, por lo cual sería irre-
nunciable reformar todos los sistemas electorales demando
(1) transparencia, (2) prohibiendo los lobbies privados
en los gobiernos y (3) estableciendo límites estrictos en las
donaciones o (4) eliminándolas.

Otra medida, pero a más largo plazo y más difícil de
implementar consiste en (5) revertir la comercialización de

la existencia. Reemplazar el paradigma del "*Crecimiento Infi-nito* (a través del consumismo) para salvarnos de la *Crisis per-petua*". No estoy proponiendo ninguna utopía sino una mirada a la historia antes de esta anormalidad: muchas socie-dades, desde las americanas nativas hasta las africanas y asiá-ticas (no todas, obviamente) fueron capaces de existir, a pesar de su bajo desarrollo tecnológico debido a su momento his-tórico, de forma más racional, social, pacífica y sustentable.

Otra posibilidad, aún mucho más moderada y medio-cre, sería (6) subir los impuestos. Sí, el tabú de los impuestos. Si les parece muy comunista, digamos que se trata de volver a los sistemas impositivos que existían en Estados Unidos. En 1920, los más ricos pagaban hasta un 73 por ciento de sus ingresos, lo que los "años locos" y del "pánico rojo" llevaron a reducir esa cuota al 25 por ciento, lo que terminó en la Gran Depresión. Para 1960 la tasa de impuestos a los millonarios (aquellos que hacían más de dos millones de dólares por año al valor de hoy) había subido otra vez hasta el 91 por ciento. La reacción neoconservadora (paradójicamente, neoliberal) logró deprimir ese porcentaje a un 37 por ciento. En 2020 el *New York Times* demostró que el multimillonario Donald Trump había pagado 750 dólares en impuestos federales en 2016 y 2017 (varias veces menos de lo que un modesto profe-sor como yo pagó esos años) y cero (0) dólar en los años an-teriores. Elon Musk pagó 68.000 y 65.000 dólares (0,00000027 por ciento de su fortuna) en esos mismos años, pero dejó de pagar en 2018.

¿Cómo hacen los millonarios para evadir impuestos y aprovecharse de todos los servicios públicos de un país para hacer sus super negocios? Existe una lista larga de maniobras. Algunas son conocidas, como las donaciones (a veces hechas a su nombre, pero recogidas de los trabajadores-consumidores) que descuentan en sus declaraciones de impuestos. Otras, más efectivas y sistemáticas, proceden de sus multimillonarias ganancias de dividendos por sus acciones en diferentes compañías, sobre las cuales sólo pagan impuesto si las venden.

En la mayoría de los casos, las compañías invierten dinero ajeno para beneficio propio, como el dinero de las jubilaciones (públicas y privadas) en el negocio de la guerra (Lockheed Martin, Boing, etc.). Sólo recordemos que el monto y el origen de las inversiones de estos fondos de retiro, como de otros inversores, no es de conocimiento público. Como las donaciones millonarias a los políticos, según la Suprema Corte de Estados Unidos, es secreta porque es parte de la "libertad de expresión".

Estos son los verdaderos capitalistas, no sus creyentes asalariados. No lo digo como un juicio, ya que cada uno juega el perverso juego como mejor puede, algunos a pequeña escala para sobrevivir y otros a la escala de los amos del mundo.

Comenzar a tomar conciencia de la realidad es un buen comienzo.

Quemar todas las naves. El absurdo inteligente

Siempre me ha asaltado una idea que, por diversas razones, nunca tuve tiempo de dedicarle una investigación profunda. El occidente capitalista, a partir del siglo XVII, está fundado, en su raíz psicológica más profunda, en una anomalía histórica, la que un siglo más tarde fue resumida, casi sin querer entre las mil páginas de su obra cumbre, por el Moisés de los liberales, Adam Smith. Me refiero a una de sus líneas más famosas de *The Wealth of Nations*: "*No es por la bondad del carnicero, del cervecero o del panadero de donde esperamos nuestra cena, sino de su consideración por sus propios intereses*". Aunque razonable en su realidad estrecha, esta lógica se expandió al resto de la existencia humana por alguna razón aún no identificada. De aquí deriva la idea simplificada, el dogma de los liberales: *mi egoísmo es bueno para los demás*. En el siglo XIX se la mejoró: *el egoísmo de cada uno produce prosperidad para las sociedades*. En el siglo XX, figuras mediáticas de la cultura como Ann Rand fueron un poco más allá y convirtieron el altruismo en un crimen y el egoísmo en una forma superior de moralidad. La tragedia terminó con Javier Milei en forma de parodia.

Si en los quince mil años de civilización previa algún chamán, poeta, profeta, filósofo, rey o ministro hubiese aparecido con esta idea, habría sido tratado como un poseído por los demonios, habría sido exiliado en Grecia o le habrían ofrecido un puesto de bufón del rey en Europa o del emperador en China. No porque no existieran los egoístas, los avaros, los psicópatas, sino porque todos sabían que esas eran cosas de gente con alguna deficiencia intelectual.

Este choque de dos mundos radicalmente diferentes rechazó, por un lado, el cristianismo original que Europa abandonó y en el siglo IV y combatió en el siglo XVI, y por el otro, combatió el budismo que encontró en sus colonias. El cristianismo original y el budismo entendían el mundo de forma opuesta: *el altruismo, la ayuda a los demás que están sufriendo, es la mejor forma de ayudarse a sí mismo.* Sospecho que el dogma moderno del individualismo ególatra surgió del choque histórico del mundo anglosajón con las sociedades más desarrolladas de India y China, por entonces el Primer Mundo.

Las potencias de Occidente surgieron de los pueblos con la obsesión de conquistar, dominar y *privatizar,* esto último otra anormalidad histórica que nació en las islas británicas, destruyendo la más antigua tradición de las tierras comunales, no sólo en Inglaterra sino en el resto del mundo. Esta simplificación radical (donde la *propiedad* existe sólo cuando es *privada* y el *espíritu de progreso* es tal cuando es *la avaricia del individuo*) terminó por imponerse a fuerza de cañón, primero, y de prédica hegemónica después.

Ahora, a juzgar por sus guerras proxis (Ucrania, Palestina—próxima parada ¿Taiwán?) y su embestida estilo Guerra fría en regiones como América Latina, Noroccidente (el occidente imperial) ha entrado de lleno en la Trampa de Tucídides y su apuesta es a *todo o nada.* No sólo para mal de un

Oriente que sube, sino, sobre todo, para mal de los humanos comunes que vivimos y sobrevivimos en este Occidente patológicamente orgulloso de sus propios crímenes.

Claro, a nadie se le puede ocurrir que quienes sufren de una psicopatología particular y son seleccionados por un sistema hecho para psicópatas (cuyo dogma central es "*mi avaricia es buena para el resto de la humanidad*" y con mitos decorativos como "*la mano invisible del mercado*") se van a bajar del podio ante el anuncio de alguna catástrofe mortal, así sea el avistamiento de un meteorito similar al que extinguió a los dinosaurios o la actual debacle climática que podría terminar con la civilización humana y otras especies nada tienen que ver con este *absurdo inteligente*.

¿Cuál es su último recurso? Es el abandono de todas las ideologías y de todas las excusas que comienzan a perder utilidad para el poder mismo. Como la *democracia* y la *libertad*—que siempre fueron la libertad del poderoso, del esclavista—"*the land of the free*". Ni siquiera fue nunca la tan mentada libertad de mercado.

A finales de julio de 2024, el candidato Donald Trump les aseguró a sus votantes que las próximas elecciones eran de vital importancia y que luego ya no necesitarían volver a votar. Esto, que fue explotado por sus adversarios como una intención de establecer una dictadura, no está lejos de las intenciones declaradas por los nuevos fanáticos. Como lo propusimos meses antes en algunas conferencias y en un brevísimo libro, se cumple la fórmula $P = d.t.$ El sistema neoesclavista ya no tiene nada que sacar de la libertad del mercado ni de la democracia ni de la tolerancia a los diferentes. Todo lo contrario. Sólo que el incremento de la diversidad ya no es algo controlable, interno, nacional, una cuestión de "lucha semántica", de "guerra cultural" o "política de la identidad" sino algo más serio, desde el punto de vista del poder: es la diferencia de poder económico, militar y mediático (por ejemplo, considerar el quiebre narrativo en el genocidio de Gaza), por lo cual se debe pasar a la prohibición por ley, primero, y a las armas después.

El candidato a la vicepresidencia impuesto a Trump, J. D. Vance, confirma estas observaciones. Vance, autor de un best seller barato en sus ideas, se apoya en un bloguero llamado Curtis Guy Yarvin, conocido por el seudónimo de Mencius Moldbug. Junto con el filósofo Nick Land, fundó el movimiento antiigualitario y antidemocrático conocido como la *Ilustración Oscura* o movimiento antiliberal (en su sentido social, no económico) y neo-reaccionario (NRx).

Según estos campeones de la libertad y el patriotismo, la democracia estadounidense es un experimento fallido que debería ser reemplazado por una monarquía responsable. Su modelo no podía ser otro que el de las corporaciones, o lo que ellos mismos llaman "tecno-monarquía". ¿Suena a *influencer* anaflabeto?

Esta idea fue reconocida por el profeta del neoliberalismo y Premio Nobel de economía, Friedrich von Hayek, cuando visitó el Chile de Pinochet en 1981: *"prefiero una dictadura liberal a una democracia que no respete el liberalismo"*. La democracia no funciona. Ni siquiera la democracia liberal, siempre tan vigilada por los de arriba. Son ineficientes, derrochan tiempo y dinero —la misma cosa para el dogma Locke-Smith.

Tal como funcionaba en tiempos del esclavismo de grilletes, el poder de decisión debe estar en manos de los grandes propietarios. No digan que no es algo simple de comprender. El poder ejecutivo, el presidente, debe estar libre de las trabas deliberantes de los congresos electos por los pueblos irresponsables. Es más, Yarvin es un admirador del líder comunista chino Deng Xiaoping por su autoritarismo pragmático y orientado al mercado. Es decir, volvemos sobre el Proyecto 2025, pero en lugar de comunista, nacionalista cristiano.

En menos palabras aun: si actualmente Estados Unidos es una democracia política y una dictadura económica, la idea es terminar con la democracia política. Otra vuelta un neo *Ancien régime*, ya explicado en *Moscas en la telaraña*.

PSICOCCIDENTALISMO

Self-made virgos

"¿POR QUÉ CADA VEZ QUE VEO a Curtis, siempre está rodeado de *incels?*" le preguntó Amanda Milius al periodista James Pogue en la Convención Naional de Conservadores de Orlando, una noche de 2021.

Amanda es la hija de John Milius, el director de *Apocalypse Now*, y asistente del presidente Donald Trump mientras estuvo en la Casa Blanca. Curtis es Curtis Yarvin, también llamado "El profeta" por los multimillonarios zares de las tecnologías de Silicon Valley, como sus amigos Peter Thiel, Alex Karp, Elon Musk o el candidato J.D. Vance quienes, en cada entrevista, no pueden articular tres ideas seguidas sin perderse.

Nieto de comunistas, el mogul de la extrema derecha estadounidense es el fundador del influyente movimiento ideológico contra los principios del Iluminismo, como la igualdad y la democracia en cualquiera de sus formas, conocido en otros círculos como la Ilustración Oscura.

También se siente cómodo definiéndose como neorreaccionario, más allá de Ronald Reagan, recuperando obsesiones del siglo XIX, como la que sostiene que los blancos tienen coeficientes intelectuales más altos que los negros. Algo que gente como el Premio Nobel James Watson vienen repitiendo desde hace cincuenta años, sin mencionar que las diferencias de test de coeficientes se ha reducido de forma significativa por la mera influencia de una mejor alimentación de los negros.

Aparte de esta controversia, se pierde la perspectiva al asumir que los idiotas de la razas superiores tienen "derechos especiales" sobre el resto de la Humanidad, algo que (a propósito de las conclusiones de Charles Murray y Richard Herrnstein en *The Bell Curve*, 1994) ya analizamos en el libro *Crítica de la pasión pura*, en 1997: "*Ahora, supongamos que un día se demuestra que hay razas menos inteligente (y que se defina lo que quiere decir eso de inteligencia, sin recaer en una explicación zoológica). En ese caso, las creaturas deberán estar mejor preparadas para la verdad. Esto quiere decir que debemos esperar que las razas se traten entre sí como si no estuviesen unas por encima de otras sino en la misma superficie redonda de Gea. Es decir, que no se traten como ahora se tratan, suponiendo una inteligencia racial uniforme*". Por algún misterio, ningún miembro de la raza superior está a favor de someterse a los asiáticos, cuyos tests de CI arrojan promedios superiores al europeo.

Curtis ha rechazado la afirmación de que está a favor de la esclavitud de grilletes, aunque afirma que, como el Arthur Schopenhauer más íntimo, algunas razas son más aptas que otras para la esclavitud. Todas estas nuevas ideas tienen algo en común con los viejos supremacismos y la vieja arrogancia de considerarse elegidos de Dios por el útero de donde se cayeron.

Yarvin también fue uno de los primeros en poner de moda la metáfora de la Píldora azul y la Píldora roja tomada de *The Matrix*. La primera, es la que toman los conformistas y quienes repiten lo recibido de los medios. La segunda, la roja, la que toman los que deciden pensar diferente y se atreven a la realidad, lo políticamente incorrecto (la Nueva Derecha). Esta simplificación ignora un peligro mayor y más frecuente: la píldora dorada.[1]

Pese a la simplicidad de la "nueva filosofía", Yarvin no es un tonto con pocas lecturas. Sus seguidores sí, ya que su filosofía no les demanda demasiado esfuerzo intelectual. Muchos de ellos, incluidos Yarvin, se han vuelto admiradores de Xi Jinping y Nayib Bukele y culpan a las democracias de todos los problemas, pero nunca mencionan el marco general que hizo de las democracias un ritual vacío: el capitalismo.

¿Parece un poco ecléctico? Para un *incel* es simple, efectivo y atractivo. De ahí viene la palabra, cuya traducción más precisa en castellano es *virgo*, ya instalada en la discusión pública en países del Sur. En octubre de 2024, una periodista de la televisión argentina invió a un *influencer*. El joven dijo, con convicción, que "hay que ir con todo contra el comunismo".

---

[1] "¿Quién es responsable de la tragedia?" Majfud, Jorge. *Página/12*. Contratapa. Pagina12.com.ar, 20 de abril de 2007.

Cuando le preguntaron qué era el comunismo, echó mano a
su teclado; "Querés que te lo busque en Wikipedia? Pará…"

Los *incels*, los virgos son una metáfora sexual coinci-
dente con la realidad intelectual de los *influencers* políticos.
Son neofascistas puritanos contra la liberación sexual de los
60s y habitantes de los sitios pornos de internet. La misma
palabra *incels* surgió en 1997 de "*in*-voluntary *cel*-ibates" y
desde entonces ha representado al grupo de jóvenes (blancos,
según las estadísticas) que tienen dificultades para relacio-
narse con mujeres y las culpan, a ellas y al feminismo, por
esta frustración. Todo lo cual coincide con la psico-ideo-pa-
tología de la Nueva Derecha en Occidente que proclama el
derecho especial de los hombres sobre las mujeres y la necesidad de que los lideres sean "machos alfa", metáfora zoológica derivada de las manadas de lobos.

A su vez, son productos coloniales de las cofradías de
Silicón Valley y Wall Street que ahora se creen quienes ofre-
cen la Píldora roja para curar de ignorancia al resto del
mundo mientras repiten clichés imperialistas del siglo XIX.
Esta ideología de baja sofisticación y alto nivel de propaganda (es decir, la asociación de dos cosas sin relación lógica
entre ellas) logra sustituir una idea por su opuesta como si
fuesen la misma cosa. La nueva cultura de los *influencers* digitales, peces en una pecera administrada por un puñado de
poderosas corporaciones como Palantir, cuyos principales
clientes son la CIA, la NSA y el Pentágono, no sólo tienen un
poder de atención más breve que un pez dorado (ocho segundos, según varios estudios) sino que se creen libres y autores

de sus propias ideas, como un esclavo del siglo XIX se creía libre al defender a muerte el sistema esclavista contra otros peligrosos negros.

Todos estos millonarios despotrican contra los gobiernos mientras reciben millonarios contratos de los gobiernos para espiar e inocular a propios y ajenos. Se presentan como "genios de las tecnologías" cuando nunca inventaron nada, aparte de secuestrar toda la creatividad ajena. Se presentan como ejemplos del *"self-made man"* que asciende desde la pobreza hasta el Olimpo de la riqueza por méritos propios, mientras los vagos trabajadores los odian por su éxito.

Esta idea del "Hombre que se hace a sí mismo", nacida en los tiempos de Benjamin Franklin y catapultada por Frederick Douglas, es un mito tan poderoso que impide ver lo más obvio: *"hacerse a sí mismo" es un mérito del individuo, no del sistema.*

El sistema (capitalista y postcapitalista) reduce la definición de éxito a la acumulación de capitales y a este puñado de exitosos les confiere casi todo el poder político, social y hasta cultural. Éstos elegidos, se venden a sí mismos como los genios creadores de todo lo bueno de nuestro mundo, invisibilizando la catástrofe ambiental y la polución de guerras infinitas. Basta con abrir cualquier gran medio, como el *New York Times*, el *WSJ*, *Time*, y sus repetidoras de las colonias para fácilmente encontrarse con la alabanza y promoción de algún *entrepreneur* pequeño contando cómo dejó de plantar tomates en El Salvador para cotizar por un día en Wall Street o a mogules más reconocidos como Bill Gates, Elon Musk o cualquier otro psicópata del club exclusivo recomendando libros, obras de teatro, teorías científicas, dando consejos sexuales, políticos y espirituales a pesar que están allí no por ser hombres sabios sino por su única habilidad de acumular dinero como Rico McPato.

El mérito del sistema que decide entre el bien y el mal, entre el éxito y el fracaso radica en su habilidad de vender. Vender excepciones como la regla, vender sueños como realidades. Producir virgos y hacerles creer que son *influencers* y no *influenceds*. Que son especiales, originales, creativos, rebeldes porque se tragaron la pastilla —la roja.

El secreto del éxito de las corporaciones privadas

En 2004, el brazo inversor de la CIA, In-Q-Tel, proporcionó dos millones de dólares en financiación inicial para tres jóvenes emprendedores. La cifra fue modesta. Para la nueva startup de Silicon Valley, Palantir Technologies, mucho más importante fue hacerse de la logística y la asistencia tecnológica de la CIA, indispensables para el éxito de otro milagro nacido en un garage.

Como todo negocio exitoso, sus clientes se diversificaron. Un documento filtrado por TechCrunch en 2013 reveló que los clientes de Palantir incluían al menos doce grupos del gobierno de Estados Unidos que, aparte de la CIA, eran la NSA, el FBI, el Departamento de Seguridad Nacional, el Centro para el Control y Prevención de Enfermedades, el

Cuerpo de Marines, la Fuerza Aérea, el Comando de Operaciones Especiales y la Academia Militar de los Estados Unidos.

Uno de sus fundadores, el inmigrante alemán Peter Thiel, como sus mejores amigos, posee multimillonarias inversiones en Facebook, PayPal, Airbnb, LinkedIn, Spotify, SpaceX, Quora, Clearview AI (cuestionada por su tecnología de reconocimiento facial) y Artificial Intelligence Platform, usada para masacrar sub-humanos en Gaza. Según su propia definición, Palantir Gotham es una herramienta de inteligencia y defensa utilizada por militares y analistas contra el terrorismo…

Estas mega tecnológicas privadas son el perfecto enlace entre el inocente espionaje comercial y el heroico espionaje militar. Cada vez que recogen datos de nuestros hábitos, gustos y preferencias a través de Internet o de nuestras tarjetas de crédito en los supermercados, no sólo predicen y crean nuevas necesidades de consumo para vender chocolates, vinos, viajes o soutiens, sino también políticos, personalizando el bombardeo sobre cada individuo a favor de un candidato con un menú de nueve o diez propuestas diferentes y hasta contradictorias para reforzar y explotar los dos drivers ancestrales de la toma de decisiones de cada individuo: el miedo y el deseo. No la más relativa y discutible racionalidad de las ideas, de los hechos y las consecuencias de nuestras decisiones.

Este espionaje comercial está íntimamente ligado a los servicios secretos más poderosos del mundo, como la CIA, la NSA, el Mossad y el M16 británico, por nombrar sólo los polos occidentales, que todavía son los más poderosos del planeta, obsesionados con la guerra y la eliminación de cualquier competencia desde hace unos cuantos siglos.

Las mega tecnológicas, desde el Facebook de Zuckerberg hasta los sistemas de espionaje como Starlink del agente de la CIA Elon Musk, contratan a los mismos militares de estos países para sus negocios privados. El 80 por ciento de los generales de tres y cuatro estrellas que dejaron el servicio militar en los últimos cinco años fueron contratados por la industria de las armas, la que, a su vez, ha sido privatizada en gran medida y a elevadas tasas de corrupción, razón por la cual existe una tradición en el Pentágono de perder algunos billones de dólares en cada uno de sus reportes presupuestales. Por lo menos 700 ex altos funcionarios del Pentágono trabajan ahora para uno de los 20 principales contratistas de armas. También congresistas como el ex presidente del Committee on Armed Services de la Cámara de Representantes, Buck McKeon, cuyo grupo de lobby ha representado a contratistas de armas como Lockheed Martin y a compradores como Arabia Saudita.

El secuestro de la humanidad y de sus plusvalías es múltiple: económico, financiero, político, cultural, existencial. La peor parte se la llevan los humanos descartables en algún país sin importancia para los psicópatas que nos gobiernan. Las mega tecnológicas no solo roban el dinero de los contribuyentes en sus propios países y de los endeudados en países ajenos, sino también el progreso de la humanidad de los últimos siglos para presentarse como los creadores de lo mejor de nuestro mundo moderno, sin mencionar una sola vez las consecuencias catastróficas de esa avaricia, como la catástrofe climática y las guerras sin fin. Para no volver sobre la obviedad de la invención de las matemáticas más complejos como el álgebra y los algoritmos de los tiempos del imperio islámico, bastaría con recordar las más recientes tecnologías como el telégrafo, la radio, la televisión, Internet y la inteligencia artificial, ninguna creada y desarrollada por capitalistas sedientos de ganancias sino por individuos más bien modestos, inventores vocacionales, profesores asalariados y por instituciones como las universidades, públicas o privadas, financiadas por los gobiernos.

Si solo mencionamos el desarrollo de la computación moderna y de la inteligencia artificial, bastaría con enlistar unos pocos nombres fundadores, como Alan Turing, matemático y filósofo británico, considerado el padre de la computación moderna. En 1950, publicó su ensayo "Computing Machinery and Intelligence", fundando los conceptos de la inteligencia artificial. En 1956, el profesor John McCarthy fue uno de los fundadores de la disciplina de la Inteligencia Artificial, junto con una larga lista de otros profesores del MIT, de la Stanford Universiy y de la Universidad Carnegie Mellon, todas en gran medida financiadas con fondos públicos.

Para los años 60, la agencia del gobierno Defense Advanced Research Projects financió y desarrolló el procesamiento del lenguaje natural y la IA como un sistema de redes neuronales.

Más reciente y en base a toda esta experiencia funda-
dora, en 2014 Google compró la británica DeepMind, cuyos
primeros inversores fueron Peter Thiel, Elon Musk, quien declaró desde el principio que estaba contra esta tecnología
pero invirtió en ella para tener una mano dentro del proceso.

En octubre de 2024, tal vez como una forma de recor-
datorio, la academia sueca le concedió el Premio Nobel de
Física a John Hopfield y Geoffrey Hinton por sus aportes en
la investigación de cómo las computadoras pueden pensar
como humanos ("artificial neural networks") ya desde los
años 70.

Un mérito de la inteligencia, aunque no queda claro si
también de la sabiduría.

Todo esto fue secuestrado por los feudos tecnológicos.
Uno de los apologistas e ideólogos es Curtis Yarvin y su
Nueva Derecha, la que promueve el reemplazo de la disfun-
cional democracia liberal por una dictadura similar al de las
corporaciones de Silicon Valley. Sus amigos y donantes de
Palatir (Peter Thiel, Alex Karp) y Elon Musk, entre otros, son
los Empresarios. El tercer vértice de la Manipulación Orwe-
lliana es un rostro político.

Ese rostro es también amigo de Yarvin, Thiel, Karp y
otros compañeros de copas. Si la CIA, la NSA y otras agencias
del gobiernos han apoyado las compañías exitosas de este
club de millonarios, el Club se encarga de hacer lo mismo
con sus amigos filósofos (Yarvin) y políticos (Vance), como
cualquier buen mecenas renacentista.

J.C. Vence recibió 15 millones de dólares sólo de Thiel para su campaña electoral al congreso de Ohio. Luego de comparar a Donald Trump con Hitler en 2016, de afirmar en 2020 que las políticas populistas del presidente habían sido un fracaso, ocurrió in milagro y en 2022 Vance recibió el apoyo del lobby israelí, el AIPAC, y del mismo Donald Trump. En 2024 fue elegido compañero de fórmula de Trump como candidato a vicepresidente.

Como todo político de receta, Vance es el resultado de un cálculo de software: (1) Marine en la invasión de Irak hasta 2007; (2) Milagrosamente convertido en millonario gracias a sus muy buenas conexiones en Silicon Valley y alguna inversión en las dos mayores mafias financieras del mundo: BlackRock y Vanguard; (3) Joven blanco, representante del "self-made man" (hecho a sí mismo) a partir de una miseria inventada y una historia de adicción real de su madre, convertido por la plataformas amigas en un best seller autobiográfico y luego en una película aún más cursi, a pesar de la actriz elegida para representar a su abuela, Glenn Close.

Como cualquier conservador con un buen menú de políticas sexys, Vence está contra la inmigración, contra el matrimonio igualitario y a favor de prohibir la pornografía, posición que seguramente cambiará pronto, ya que el rabino Solomon Friedman, cofundador de Ethical Capital Partners (Sociedad de Capital Ético), adquirió por 52 mil millones de dólares PornHub, RedTube y YouPorn. Según Friedman, lo más atractivo de estas compras es hacerse de la tecnología que los impulsa.

En su menú de políticas, no puede faltar le frustración con la Guerra de Ucrania y la fobia antiinmigrante: "realmente no me importa lo que le pase a Ucrania", dijo con un dejo de burla al hecho de que piensa que el orden global liderado por Estados Unidos tiene que ver tanto con enriquecer a los contratistas de defensa y a los miembros de los think tanks como con sostener la hegemonía de Estados Unidos. "Me preocupa el hecho de que en mi comunidad, en este momento, la principal causa de muerte entre los jóvenes de 18 a 45 años es el fentanilo mexicano". Sus críticas a las grandes empresas tecnológicas como "enemigas de la civilización occidental" están en el menú, no en la cocina, sólo para provocar el deseo del comensal.

Otro plato del menú es el patológico occidentalismo de esta cofradía de psicópatas. Por ejemplo, Vance es partidario de ir a la guerra con Irán y evitar que China levante cabeza como "una prioridad de la política exterior para Donald... para evitar que China construya su clase media a expensas de la nuestra".

Es decir, el vértice más visible del triángulo es el menos real.

Occidentales, occidentalistas y psicoccidentalismo

Eso que desde el Renacimiento se llama Occidente, por más de mil años fue apenas una idea vaga y profundamente contradictoria del continente más violento del mundo. La mente tribal necesita aliados y enemigos en una permanente partición del mundo en dos (nosotros y ellos, el Bien y el Mal), como en cualquier torneo deportivo. Banderas, símbolos y mitos extendieron la barbarie de las tribus hasta fantasías mayores llamadas pueblos elegidos, razas superiores y naciones civilizadas.

El Occidente moderno no se forma ni con los antiguos griegos ni con la caída de Roma. Surge con el imperialismo capitalista en el siglo XVI y se radicaliza con el protestantismo, la fiebre del oro y la sociopatía de la conquista perpetua, la sumisión de los pueblos inferiores y la obligación de salvar al mundo imponiendo nuestras ideas, nuestras supersticiones, nuestro poder financiero, policial, y la eliminación de cualquier posible poder o visión diferente del mundo. Se asienta en el fanatismo supremacista que no vive ni deja vivir.

La reacción de esa fantasía llamada Occidente (hoy la OTAN) ante la mayor crisis existencial de su historia moderna es pasar por encima de todos sus sermones (igualdad, libertad, democracia, derechos humanos) para dejar al descubierto su verdadero rostro: si no podemos imponernos por la propaganda, por las finanzas, por el acoso económico, lo haremos por la fuerza del cañón.

Exactamente así surgió el Occidente capitalista: en el nombre de la libertad del mercado, fueron a destruir la libertad del mercado del por entonces Primer Mundo (India, Bangladesh y China), imponiéndole sus propias reglas a fuerza de cañón, de corrupción (que inoculó guerras fratricidas, como en India) y a fuerza de la adicción de drogas como el opio en China. En India se aprovecharon de un sistema de castas más radical que el de la Edad Media europea, creando colaboracionistas arriba y cipayos abajo. Tradición que continúa hoy. Basta con echar una mirada a los políticos en Inglaterra y Estados Unidos.

Según Jacob Helberg, experto en seguridad nacional y asesor de política exterior de Palantir "Ucrania, es la oportunidad de cumplir la misión de Palantir Technologies: defender a Occidente y joder a nuestros enemigos". Enemigos. Para los CEOs de Palantir, como Karp, existe un imperativo moral en proporcionar a los gobiernos occidentales la mejor tecnología emergente. Por esta buena razón, "los Estados deben colaborar más con el sector tecnológico" —las corporaciones privadas. El otro dueño de Palantir, Peter Thiel, naturalmente expresa la vieja fijación occidentalista: "A diferencia del mundo físico, en ciberseguridad es muy fácil atacar y muy difícil defenderse". Así que vamos por lo primero (el viejo "ataque preventivo"), ya que la existencia humana se define por el conflicto y la guerra y la salida no es la paz o la negociación sino la exterminación del adversario.

Para el psicoccidentalismo, no hay lugar para dos "machos alfa"—otra de las nuevas metáforas centrales de la Nueva Derecha para expresar la vieja obsesión europea; si nosotros ganamos y dictamos, el mundo está en paz. Como para los mega negocios, competencia significa exterminar al competidor. Una visión diferente sería la negociación para un bien común, como negocian las pequeñas empresas, como cooperan los seres humanos que no están enfermos de esta psicopatía del individualismo.

Por esta razón, se ve a China como el enemigo a destruir, como fue destruida en la Guerra del Opio. Aunque la estrategia ha sido demonizar y acosar primero a la gran región que la circunvala (Rusia-Irán) a través de sus bastiones principales (Ucrania-Israel-India-Taiwán), los políticos ya no ocultan que China es el verdadero objetivo. ¿Por qué? Porque posee una economía demasiado exitosa y, aunque aún no ha disparado ni un tiro para convertirse en la primera potencia mundial (lo opuesto a cómo se construyó y se mantuvo el Occidente capitalista), sólo su éxito no alineado a nuestros intereses la definen como nuestro enemigo, el Imperio del Mal. No hace falta decir que ésta es la forma más directa de llegar a una guerra con China, la cual no esperará a último momento para invertir toneladas de capitales en su complejo militar y en más bombas nucleares.

Como tantos otros generales y congresistas estadounidenses, Mike Gallagher asumió el cargo de director de negocios de defensa de la empresa Palantir. El mismo Gallagher publicó en mayo de 2024, un artículo en Foreign Affairs titulado "No Substitute for Victory: America's Competition With China Must Be Won, Not Managed" ("No hay sustituto para la victoria: la competencia de Estados Unidos con China debe ganarse, no gestionarse"), para lo cual Washington debe "rearmar al ejército estadounidense para reducir la influencia económica de China" y su "estrategia malévola"... Psicoccidentalismo estilo John Wyne.

El Instituto Quincy, teniendo en cuenta la sinofobia de Gallagher y Karp (director ejecutivo de Palantir), aseguró que nos dirigimos a una guerra contra China. No aclara que somos nosotros los que hemos decidido ir hacia ese violento escenario que dejará grandes beneficios (económicos y políticos) a empresas como Palantir y hundirá al resto del mundo en una crisis total, incluido Occidente —sobre todo Occidente. Una guerra por Taiwán es el escenario deseado por Occidente, pero les resultará más económico y estratégico inventar una guerra entre China e India por Kashmir... Bueno, mejor no darles ideas.

Para ir haciendo boca, el candidato a vicepresidente J.D. Vance, dijo que contrarrestar a China será una prioridad de política exterior para Donald Trump, algo que se puede leer como un libreto recibido de gente mejor preparada, informada y poderosa que el aprendiz Vance, amigo de los millonarios de Palantir y otras tecnológicas, sus principales donantes.

El imperio estadounidense ya no podrá contar con la imposición del dólar, por lo que deberá sacar ventaja de las armas dotadas de inteligencia artificial, algo que ya está siendo probado en Ucrania y Palestina. En 2024, el Ministerio de Defensa de Israel llegó a un acuerdo con Thiel y Karp para "aprovechar la tecnología avanzada de Palantir en apoyo de misiones relacionadas con la guerra". Si en el pasado se experimentaba con drogas y sífilis en América Latina, ahora se prueba la efectividad de toda este avance de la inteligencia para eliminar sin asco hombres, niños y mujeres para probar la efectividad de las nuevas armas y el impacto en la opinión pública que, se calcula, dejará de importar porque parte del

plan es eliminar las incómodas elecciones de las disfunciona-
les democracias liberales—ver nuestro análisis de Curtis Yarvin.

Es la vieja mentalidad occidental es eso que, ahora sin
máscaras, vemos en Israel masacrando sin límites porque
"solo nosotros importamos", "los demás son salvajes", "somos la raza superior y debemos ser obedecidos", además,
"somo los preferidos de Dios" y tenemos un "destino manifiesto". La vida ajena no tiene valor. Lo único que importa es
ganar, yt ganar a cualquier precio.

Ahora, la experiencia indica que toda esta super tecnología multimillonaria es una gran ventaja bélica, pero no está
dando los resultados esperados. Ni en Ucrania ni en Palestina
ni en el resto del mundo vigilado y manipulado. Uno de los
talones de Aquiles de las High Tech son las Low Tech, es decir, cuanto menos sofisticada es una tecnología, más difícil
de dominar o predecir a sus usuarios. Por eso se recurre a la
fuerza bruta del bombardeo, como el israelí.

La Tercera Guerra Mundial, la última Guerra Mundial,
es el Plan A. Debemos imaginar un Plan B e invertir todas las
fuerzas de los sin poder para resistir a los psicópatas y a los
mercaderes de la muerte.

El (post)capitalismo y el padre ausente

El objetivo de la violencia geopolítica no es sólo la dominación global, sino la dominación de la opinión nacional a

través del miedo y los ideoléxicos consolidados como *libertad, defensa nacional* y *democracia*. El espionaje a los ciudadanos estadounidenses es masivo y cuando se descubre por algún filtrado ilegal se recurre a la bruja de la seguridad, del terrorismo y de los ataques de los "imperios del mal". La vieja colonización interna.

Hace una década se comenzó a cambiar el sermón geopolítico, centrado en "la defensa contra el terrorismo" (abandonado de urgencia en Afganistán) para volver a centrarlo en "la defensa contra países enemigos"—Rusia, China e Irán. Ahora no se puede alegar una lucha ideológica (contra el comunismo), por lo que el sermón se acerca más a lo que siempre fue: "Occidente, como el pueblo elegido, la única Civilización, la policía buena del Mundo".

Así nació la hegemonía occidental: destruyendo India, Bangladesh y luego China con sus empresas privadas, con los piratas democráticos, y con el apoyo del fanatismo racista y genocida. Ahora, el Occidente imperial comienza a caer de la misma forma en que surgió en el siglo XVI y con el mismo grado de violencia que nunca abandonó. Occidente siempre sufrió el síndrome del Macho Alfa: no hay lugar para dos, menos para tres en el mundo. Esto se puede deber a que, debido a su clima y sus limitadas tierras, la Europa anglosajona nunca fue autosuficiente sin el comercio exterior y la imposición de sus reglas sobre otros pueblos proveedores de recursos extranjeros sin interrupciones. Cultura consolidada que no cambió con la vastedad de Norteamérica sino lo contrario.

La mayor paradoja radica en que se intenta salvar este orden hegemónico y el mismo capitalismo por dos vías: (1) liquidando las vacas sagradas que sirvieron de legitimación al capitalismo, como la libertad, la igualdad de oportunidades y la democracia liberal; y (2) evitando mencionarlo, haciéndolo invisible, como el padre en el psicoanálisis.

Un ejemplo cultural y político reciente es la prominencia alcanzada por el candidato a la vicepresidencia de Donald Trump, J.D. Vance. Como James Polk y George Dallas en las elecciones de 1844, ambas figuras irrelevantes, fracasadas en política y destacados por su anti-intelectualismo (anti Padres Fundadores), fueron elegidos por Andrew Jackson. El ex presidente racista y semianalfabeto logró poner a sus títeres en la Casa Blanca y arrebatarle medio territorio a México, inventando una guerra en base a *fake news*.

Más que probable que la historia no se repita sino que cierre un superciclo, pero de todas formas Vence es un ejemplo de un nadie puesto en la cumbre por alguien más poderoso (como lo explicamos antes, puesto por sus amigos multimillonarios y preferidos de la CIA, como Palantir y otras corporaciones tecnológicas). Esos mismos que promueven a su amigo y filósofo pro-monarquía tecnológica, Curtis Yarvin. "*Sin autoritarismo el libertarismo es un proyecto para el fracaso*", sentencia Yarvin, con la misma nostalgia del neoliberalismo sin máscaras de Friedman y Hayek por Augusto Pinochet y una larga lista de dictadores bananeros.

Lo mismo ocurrió con el repentino éxito de Vance como autor de una autobiografía cursi, que los negocios

elevaron a *best seller* y convirtieron en una película holly-
woodense. La crítica apuntó a que, más allá de las distorsio-
nes subjetivas (para adaptarse al mito estadounidense del
"hombre hecho a sí mismo"), su libro se olvida de las dimensiones raciales de la pobreza. Hay que agregar, a mi juicio, un olvido mayor: el capitalismo, ese sistema que
funciona a la perfección para un puñado de individuos, que
luego los vende como un éxito del sistema, no del individuo, promoviendo así el individualismo como ideología.

Hillbilly Elegy es una serie de anécdotas personales de
resentimiento entre pobres (los que reciben ayuda del Estado para comer y los que no) y sobre los valores morales
superiores de su familia (como el amor, la ética del trabajo y
la responsabilidad, excluida la madre drogadicta y el padre
ausente), lo que explicaría el *happy ending* de la meteórica
fortuna de su hijo. Jared Sexton observó el simplismo de las
moralejas de Vance que ignoran el racismo estructural de la
pobreza. Su libro, catapultado a las ventas por medios conservadores, además de ser una celebración de sí mismo, se
hizo eco de la retórica de auto victimización de los "blancos
sacrificados", otro viejo y renacido mito poetizado por Rud-
yard Kipling en el siglo XIX.

La conciencia de clase en Estados Unidos ha sido estratégicamente eclipsada por la discusión étnica, algo que
procede de la prehistoria del país cuando los gobernadores
reconocían la necesidad de inocular el odio entre blancos
pobres, negros e indios para evitar rebeliones comuneras.
Algo que la izquierda no adoptó como única banderea hasta

mediados del siglo XX y hoy se trasformó en una inocua "política de las identidades". A lo que se debe agregar la infantilización de las sociedades, perfectas consumidoras de culebrones como *Hillbilly Elegy*.

—*Tu madre estará bien, be happy…* —dice la abuela (Glenn Close)— *Debes decidir. Ser alguien o no. ¡Sé alguien!*

En la televisión se ve el robot Arnold Schwarzenegger antes de descargar una ráfaga de disparos:

—*Hasta la vista baby.*

—*La he visto cien veces* —dice la abuela, festejando la escena—. *Hay tres tipos de personas. Los buenos Terminators, los malos Terminators, y los neutrales".*

El niño Vance comenta:

—*Yo quiero ser un buen Terminator.*

Una mezcla de Charles Bukowski barato y de la real decadencia de la "clase trabajadora blanca" sumergida en la droga y en "La rabia y el orgullo".

Según Jeff Sharlet *"La Nueva Derecha intelectual es un proyecto de supremacía blanca diseñado para cultivar el apoyo de los no blancos"*.

Según Yarvin, el verdadero poder político en Estados Unidos está en La Catedral, la que dominan las universidades y la prensa. Según James Pogue, La Catedral promueve la igualdad y la justicia social, dos ataques contra el orden social. Haciéndose eco de estos nuevos dogmas, Vance (graduado de una universidad de elite, como todos sus amigos de Silicon Valley) denunció a las universidades como enemigas del pueblo estadounidense, por lo que se debe desfinanciarlas y confiscarles sus fondos de reserva. Todo lo que se alinea con el ataque a la educación, la prohibición de libros y de temas que tienen su epicentro en Florida y su repetidora en la Argentina de Javier Milei.

A los años de rebeliones que la izquierda llamó *liberación*, la derecha identificó el problema como "*un exceso de democracia*". Así lo definió el profesor y mogul de la derecha, Samuel Huntington en 1975. Huntington alertó, en una conferencia, que había una tendencia mundial hacia una *extensión general de la democracia*, con resultados catastróficos. La experiencia de Allende en Chile, dijo Huntington, fue "*un exceso de democracia que condujo a un golpe de Estado que ha restaurado la estabilidad política*".

Para el capitalismo agonizante y desenmascarado, las democracias no sólo son un peligro para las sociedades sino un estorbo para la *eficiencia*. En una entrevista, Yarvin sacó un teléfono Apple y lo mostró como prueba de la eficiencia del autoritarismo de las compañías privadas.

Olvidó que ese teléfono es el resultado de generaciones de inversiones estatales e invenciones de asalariados, la mayoría universitarios, no capitalistas.

Olvidó la estrecha relación entre el éxito de esas compañías-dictaduras y la dictadura estatal de las agencias secretas como la NSA y la CIA, Estados paralelos y por encima de la ley desde hace ochenta años.

Olvidó que el capitalismo no crea ni inventa ni innova y ni siquiera acelera el progreso científico y tecnológico sino lo contrario. Las corporaciones capitalistas no sólo roban el progreso de la Humanidad sino que, cuando invierten en investigación, succionan los recursos a las áreas que generan ganancias, quitándoselas a aquellas donde solo los Estados hacen inversiones de alto riesgo, investigación de todo tipo que requiere grandes inversiones sin retorno inmediato.

Olvidó que la misma competencia entre mega compañías (telefónicas, de retiro, de salud) encarecen los servicios y evitan que se compartan ideas e innovaciones entre ellas. Eso cuando no son sectas monopólicas con apariencia de competencia.

Olvidó, por si fuese poco, que el capitalismo es el sistema que más produce "valor negativo" —basura, contaminación, propaganda, guerras.

¿NOS DIRIGIMOS AL TOTALITARISMO? ¿NO ESTÁBAMOS YA AHÍ?

EL 11 DE MARZO DE 1889, EL AHORA OLVIDADO ex presidente de Estados Unidos Rutherford Hayes escribió en su diario: *"En el Congreso nacional y en las legislaturas estatales se aprueban cientos de leyes dictadas por el interés de las grandes compañías y en contra de los intereses de los trabajadores... Este no es el gobierno del pueblo, por el pueblo y para el pueblo. Es el gobierno de las corporaciones, por las corporaciones y para las corporaciones"*. Tres años después estallaría la mayor crisis económica del siglo XIX y cuarenta años más tarde, por las mismas razones, la mayor crisis económica del siglo XX, la cual sería mitigada por las políticas sociales del presidente F. D. Roosevelt. Treinta años más y el neoliberalismo de los Milton Friedman contraatacaría para revertir estas "políticas socialistas" (según las acusaciones de la época) que habían salvado a millones de trabajadores del hambre y a Estados Unidos de la desintegración.

El 18 de julio de 2019, el *USA Today* publicó una investigación sobre la dinámica de la democracia estadounidense. Solo en un período de ocho años, los congresos estatales de los cincuenta estados de la nación habían recibido 10.163 proyectos de leyes escritos por las grandes corporaciones, de los cuales más de 2.100 fueron aprobados. En muchos casos se trató de un simple copia-y-pega con mínimas variaciones. Nada nuevo y, mucho menos, obsoleto. Secuestrar el progreso de la humanidad ha sido siempre una especialidad de las todopoderosas compañías privadas que luego reclaman todo el crédito del bienestar ajeno y del bien moral propio.

A lo largo de la historia, con frecuencia las pandemias han cambiado formas de ver el mundo y han derrumbado verdades incuestionables. Aunque todo depende de la gravedad y del tiempo que dure la que nos ocupa ahora, si no derriba el muro neoliberal al menos dejará su huella en las políticas sociales, en la forma de gestionar las necesidades humanas que no pueden ser resueltas ni por la mano invisible del mercado ni por la visible miopía del interés propio. También ayudará a confirmar la conciencia de que nadie se puede defender de un virus ni con las armas ni con los ejércitos más poderosos del mundo, por lo cual pronto una nueva mayoría en países belicosos, como Estados Unidos, tal vez comiencen a cuestionarse el sentido de los gastos astronómicos para unos y el desprecio tradicional hacia los otros.

Una consecuencia indeseada, según la advertencia de diversos críticos y analistas, sería el incremento de los Estados autoritarios. Esta probabilidad, aparte de real, es también una antigua expresión de otro autoritarismo que domina las narrativas y los miedos desde hace muchas generaciones y que, por ello mismo, no se reconoce como autoritarismo. Este miedo y esta advertencia no son altruistas ni son inocentes. Son una herencia que proviene del modelo capitalista en sus variadas formas, que necesita demonizar todo lo que está en las manos de los gobiernos, de los sindicatos, de las organizaciones sociales y hasta de las pequeñas empresas familiares o comunitarias, y diviniza la dictadura de las megacorporaciones privadas.

Las tendencias autoritarias no son patrimonio de quienes están a favor del protagonismo de los Estados (todo depende de qué Estado estamos hablando) ni nació con la pandemia. La actual ola neofascista y autoritaria precede la misma aparición de Covid 19. Pero ambos son la consecuencia de una realidad destructiva basada en la acumulación infinita de los poderes financieros y de las sectas corporativas, de su insaciable sed de beneficios, de poder y de una cultura consumista que, al igual que un individuo enfermo, ha ido cambiando de forma progresiva el placer de una adicción por la depresión y el suicidio. En las clases excluidas (es decir, en la mayoría del pueblo), la respuesta emocional y errática de los grupos fragmentados intenta llenar este vaciamiento de sentido social, individual y existencial, con los colores de una bandera o de una secta, con el repetido efecto de desprecio y hasta odio por todo lo demás que no cae dentro de su pequeñísimo círculo (los otros excluidos), el que confunden con una verdad universal a la cual, se supone, solo ellos tienen acceso de forma mágica, secreta y excluyente. La distracción perfecta.

Esta nueva crisis ha probado no solo la crónica ineficacia de los modelos neoliberales para enfrentar un problema global y hasta nacional, no solo ha revelado la superstición inoculada en los pueblos ("los privados lo hacen todo mejor", "libre empresa y libertad son la misma cosa") sino que, además, son la misma causa del problema. La pandemia no puede ser desvinculada de su marco general: el consumismo y la crisis ecológica.

Si bien en sus orígenes el capitalismo significó una democratización de la vieja y rígida sociedad feudalista (el dinero aumentó la movilidad de los comunes), pronto se convirtió en un sistema neofeudal donde las sectas financieras y empresariales de unas pocas familias terminaron por concentrar y monopolizar las riquezas de las naciones, dominando la política de los países a través de sus sistemas democráticos e, incluso, prescindiendo totalmente de esta formalidad.

¿Quiénes votan a los dueños de los capitales, a los gerentes de los bancos nacionales e internacionales, a las transnacionales que se arrogaban y se arrogan el derecho de acosar o derribar gobiernos y movimientos populares en países lejanos? A esa larga historia de autoritarismo ahora hay que agregar la dictadura más amable y sexy de gigantes como Google, Facebook, Twitter y otros medios en los cuales vive, se informa y piensa la mayoría del mundo. ¿Qué pueblo los votó? ¿Por qué los gobiernos democráticos tienen tan poca decisión en sus decisiones que afectan a miles de millones de personas? ¿A qué intereses responden, aparte de su propia clase ultra millonaria en nombre de la democratización de la información? ¿Hay algo más demagógico que esto? ¿Cómo hacen para adivinar lo que dos amigos conversaron la tarde anterior, escalando una montaña o caminando por una playa sin usar ningún instrumento electrónico? Adivinan (ideas, deseos) lo que ellos mismos indujeron. Esas dos personas solo recorrían un camino establecido o previsto por las corporaciones que conocen hasta lo que pensará un individuo en un mes, en un año, como si fuesen dioses.

El dominio es de tal grado que los pueblos que están por debajo, confinados al consumo pasivo y sin ningún poder de decisión sobre los algoritmos, las políticas sociales y la ideología que rige sus deseos, son los primeros en defender con fanatismo la idea de la "libertad individual" y de los beneficios que proceden de estos dioses omnipresentes.

Es decir, el temor de que nos dirigirnos a un totalitarismo estatal procede, en gran medida, del interés contrario: el temor del autoritarismo corporativo de que los Estados puedan, de alguna forma, llegar a regular sus tradicionales y altruistas abusos de poder.

SINDICATO DE MILLONARIOS, HUELGA DE CAPITALES

ES MIL VECES MÁS FÁCIL Y MÁS EFECTIVO creer que los pueblos le deben la justicia social y el progreso material a un puñado de multimillonarios que creer que el calentamiento global y la desaparición de los insectos le deben algo a los humanos. Es mil veces más fácil y más efectivo organizar una huelga de capitales que una huelga de trabajadores. Es mil veces más fácil organizar un sindicato de millonarios para presionar, a su antojo, a los pueblos y a sus gobiernos, que un sindicato de maestros, de obreros, de empleados de un supermercado o de peones rurales. Cuando a un trabajador no le gusta su trabajo o su salario tiene la libertad de irse sin su trabajo y sin su salario a otra parte. Cuando a un inversor no le gusta el trabajo ajeno o los salarios ajenos, tiene la libertad de irse con su dinero a otra parte.

En los países donde es al revés, es porque la huelga de capitales ya ha ocurrido de una forma masiva y el país se encuentra quebrado o acosado por quienes gobiernan el sistema económico que nos gobierna a todos los demás.

En los países donde es al revés, las inundaciones son responsables de la lluvia y los trabajadores son responsables de la miseria y de las crisis sociales.

Ningún gobierno del mundo que promueva el interés general, la solidaridad social de programas de educación, de salud o de desarrollo equitativo puede tener alguna chance de continuidad y de crecimiento económico si antes no deja claro que reconoce la sacralidad de las transnacionales y sus escribas.

Ningún gobierno del mundo que promueva el interés general puede tener alguna chance de continuidad y de crecimiento económico si antes no se inclina ante aquellos inversores que juegan con miles de millones (de dólares y de personas) con la misma responsabilidad con la que beben whisky y le tocan el culo a una empleada de hotel.

Ningún gobierno que reconozca que todo el progreso social y económico del mundo presente no es el producto de un puñado de exitosos millonarios sino de siglos de luchas sociales y de miles de contribuciones de pensadores y de modestos genios de las ciencias y la tecnología, casi siempre asalariados, tiene posibilidades de continuidad.

Todos los gobiernos del mundo, sean de derecha o de izquierda, de arriba o de abajo, deben proteger, como perros rabiosos, la libertad absoluta de los capitales para aterrizar en sus países y para volar a sus paraísos seguros (*safe havens*) cuando se les plazca, que es siempre cuando a las sociedades se les ocurre realizar algún reclamo sobre su contribución a la riqueza. Es ahí cuando las sociedades quiebran y los pueblos entienden que con las limosnas vivían mejor.

Es decir, a los grandes capitales no solo se los debe adular, en la práctica y en los cuentos de hadas, sino que también se les debe garantizar el derecho privado a la extorción universal.

Está de más decir que este sistema, organizado y gobernado por un puñado de multimillonarios, padres fundadores y protectores de todo el progreso de cada país (desarrollado o subdesarrollado, exitoso o arruinado), padres sacrificados e incomprendidos protectores de la humanidad, de una humanidad irresponsable, no tiene un ápice de democrático.

Razón por la cual la Libertad y la Democracia son sus banderas, esas mismas que ondean como péndulos ante los ojos de los pueblos que luego irán a linchar a quienes no están de acuerdo con este estado de hipnosis colectiva.

TAMBIÉN HENRY FORD APOYÓ A STALIN (AUNQUE AMABA A HITLER)

EN UN PANEL DE LA III CONFERENCIA Global 2020 de Nueva York se nos propuso volver sobre el viejo tema de "El rol de los intelectuales hoy". Para comenzar debo reconocer que nos produce pudor y nos incomoda cada vez que nos presentan con ese título tan elástico y desprestigiado.

Pero me parece mucho más importante analizar este pudor y este desprestigio como resultado de la lógica de los poderes globales dominantes. Quienes tienen el poder político, quienes manejan ejércitos y son dueños de los capitales gestores del mundo son considerados moderados, realistas y pragmáticos. Aquellos que deben conformarse con el uso de las palabras y las ideas, son acusados de peligrosos radicales, aparte de ser bombardeados con múltiples In: Inmaduros, Inconvenientes, Innecesarios, Inútiles, Insensatos... Pero cuando veas a los intelectuales radicales agrupados de un lado, mira hacia el otro para saber dónde está el verdadero poder y sus mayordomos, los intelectuales orgánicos.

De todas las acusaciones que se les arroja encima, la más popular es la de considerarse iluminados, destructores, autores o cómplices de regímenes catastróficos. Por una razón para nada misteriosa, los nuevos clérigos, los intelectuales orgánicos, los razonables, no acusan ni a religiosos ni a militares ni a poderosos hombres de negocios de lo mismo. De hecho, se acepta, como una virtud, que un religioso se autoproclame iluminado, elegido, o salvado, como se acepta que un general se golpee el pecho lleno de condecoraciones por haber salvado la patria y el honor, como si algo de todo eso fuese algo más que ficción criminal.

No, a pesar de que han sido generales (apoyados por el clero tradicional y en beneficio de los dueños del capital) quienes, por ejemplo, en América Latina, han implantado decenas de dictaduras genocidas a lo largo y ancho de la historia. No, a pesar de que son rarísimos los regímenes de intelectuales no orgánicos persiguiendo a militares, a clérigos y a hombres de negocios. La inversa ha sido la constante, la norma.

Sí, el trabajo de los intelectuales no es el de sermonear y menos el de gobernar. Hubo intelectuales mandatarios como fue, por ejemplo, el caso de varios de los llamados Padres Fundadores de Estados Unidos, más allá de sus graves contradicciones e hipocresías raciales y de clase. O el caso de Nicolas Solomon, Pi i Margall y otros que formaron la Primera República en España en 1873, una isla hundida en poco más de un año en un mar de fanáticos conservadores. O el caso del profesor de filosofía José Arévalo, presidente de la primera democracia en Guatemala en 1944, destruida diez años después por un complot de la United Fruit Company, la CIA y el ejército estadounidense que dejaría 200.000 masacrados en cuarenta años de brutales dictaduras (todos militares y, sobre todo, pragmáticos y exitosos hombres de negócios) y cuya cultura de la impunidad continúa hoy, como en otros países.

El ideal del poder es que los intelectuales radicales se dediquen a la poesía de alcoba o al análisis del subjuntivo en García Márquez. De hecho, las agencias secretas han invertido fortunas con este objetivo. Pero la neutralidad de un intelectual en los temas sociales es indiferencia, oportunismo o complicidad. La neutralidad, como la remuneración del intelectual orgánico y la condena al intelectual radical son productos que exuda un sistema dominante. Si un soldado está en desacuerdo con un general, las posibilidades de que articule una crítica completa y exhaustiva son mínimas. Lo mismo para cualquier honesto asalariado, desde el gerente de una gran compañía hasta el empleado más humilde de un supermercado. Una crítica menor a sus superiores puede pasar como el impuesto que la compañía y el jefe superior toleran para ser considerados democráticos y tolerantes. Claro que no existen las compañías democráticas. Cuando la crítica cruza ciertos límites, siempre habrá una buena razón para que ese empleado sea despedido.

Más allá de todas las leyes laborales que existan en cualquier país, un hombre de negocios siempre tendrá el poder de contratar y despedir. Sólo este poder ya es una coacción sobre las críticas, las opiniones y el pensamiento de los subordinados. No por casualidad, este poder de coacción suele estar en manos de aquellos hombres de negocios que sostienen y celebran un determinado sistema (por ejemplo, el sistema capitalista y su variación neoliberal). Si alguien depende de la voluntad o de los deseos de un jefe para sobrevivir, nunca lo criticará de forma radical como puede hacerlo un maldito intelectual.

La opinión pública no sólo es creada de forma deliberada por agencias de publicidad y por los medios dominantes, sino que es, además, una consecuencia natural del poder. Los malditos, los inmaduros, los fracasados intelectuales no pueden presionar. La única fuerza de un intelectual son sus ideas, no la manipulación de la necesidad ajena. Los intelectuales no tienen poder de coacción.

Bastaría con poner un ejemplo clásico de la crítica orgánica, de los mayordomos del poder internacional. Los intelectuales que se equivocaron apoyando a Stalin son crucificados cada día, pero pocos logran mencionar alguno de aquellos muchos que, aun resistiendo la brutalidad del histórico fascismo en el hemisferio, se opusieron al mismo régimen. Los orgánicos no se cansan de repetir que el filósofo francés Jean Paul Sartre apoyó a Stalin. Fue un apoyo de palabra, un apoyo en base a sus ideas, que es lo más que puede dar un intelectual. ¿Se equivocó? Yo creo que sí, y feo, aunque es más fácil decirlo ahora que hace sesenta años. Pocos recuerdan, y nadie repite en los grandes medios, que venerados hombres de negocios como Henry Ford apoyaron a Hitler y a Stalin no sólo de palabra sino con recursos económicos, técnicos y logísticos. Hitler y Stalin reconocieron y retribuyeron al talentoso y racista empedernido de Ford.

El poder no dice "los inversores son una calamidad que se creen iluminados". Por el contrario, los mayordomos vuelven siempre sobre el argumento de que "las alternativas al capitalismo nunca funcionaron". Algunas funcionaron, pero fueron destruidas o arrinconadas a la miseria.

Ahora, cualquier alternativa que hubiese vencido (militar y económicamente) se habría erigido como el "modelo insustituible", no sólo moral sino económico. Porque es mucho más fácil ser un exitoso país capitalista que puede acosar al resto del mundo que ser un pobre país capitalista que debe sufrir la gracia del acoso militar y económico de los ganadores. Ni que hablar de opciones diferentes. Como en un torneo medieval, se confunde *triunfo* con *verdad* y *poder* con *justicia*. Es como si los cristianos se burlasen de Jesús por haber sido un perdedor, torturado, ejecutado y desaparecido por el Imperio de turno como un criminal más. Lo mismo Sócrates, José Artigas, Simón Bolívar y José Martí, entre otros.

Pero los poderes hegemónicos no sólo escriben la historia, sino que se presentan como quieren. El mismo sistema que inventó la idea de que nuestro mundo fue creado y es mantenido por los capitalistas y los hombres de negocios, ha despreciado y neutralizado la actividad del intelectual radical mientras secuestraba siglos de inventos y descubrimientos de asalariados, de genios que nada tenían que ver con la obsesión del capital. Sin esos siglos de intelectuales (filósofos, artistas, científicos, humanistas, rebeldes sociales) no existiría lo mejor de nuestro mundo. Seguramente tendríamos alguna forma de Edad Media, más o menos como esa a la que nos dirigimos ahora con fanático orgullo.

LOS DE ARRIBA TIENEN DE TODO, MENOS IDEOLOGÍA

UN PROYECTO DE LEY APROBADO en 2021 por el congreso del estado de Florida propone que los estudiantes universitarios puedan grabar a sus profesores para denunciar sus perspectivas ideológicas (*bias*). Claro, las perspectivas ideológicas de los profesores, no la de los estudiantes ni la de sus mentores, pastores, senadores y empresarios donantes. Está de más decir que no se trata de intimidar a aquellos raros especímenes de la academia que enseñan que el mundo fue creado en siete días y que, desde su fundación, Estados Unidos ha promovido por todo el mundo, de forma heroica y altruista, la libertad, la democracia y los derechos humanos.

Como la mayoría de los estudiantes rara vez logran presentarse a sus clases con dos horas mínimas de estudio sobre el tema en discusión, resulta más fácil denunciar a los profesores por sus posiciones incómodas, cuando las hay, que atreverse a defender un argumento con un mínimo de conocimiento. Las investigaciones de años y décadas son denunciadas como ideológicas, como si el resto de la realidad fuese tan neutral como una piedra pómez. Homero Simpson es un fanático convencido de saber qué es la realidad gracias a la cerveza de la cantina y, sobre todo, gracias al efecto Dunning-Kruger.

La nueva ley de Florida espera en el escritorio del gobernador para ser firmado. El gobernador Ron deSantis no sólo camina, de rodillas, detrás de los conservadores más radicales del sur, sino que es un convencido defensor de las ideas del expresidente Trump quien, en su discurso en el National Archives Museum del 14 de setiembre de 2020, aseguró que en las clases debían enseñarse una historia patriótica y prohibir cualquier revisionismo. ¿A quién le importa la verdad cuando se está en una eterna y permanente guerra? Guerra, guerra. También está en línea con representantes de la tradición confederada y con senadores como Lindsey Graham de Carolina del Sur quien, el 24 de abril, ha afirmado en la gran prensa que "Estados Unidos no es un país racista" ni existe algo así como racismo estructural.

Ni patriarcado, ni imperialismo, ni lobbies que escriben las leyes.

Esos muchachos, o sus fanáticos seguidores, son quienes van a grabar y denunciar las tendencias ideológicas de los profesores en las universidades, históricos recintos de retardados mentales. Nada nuevo. El fascismo tiene esa marca de identidad. Para ejemplo más reciente está Vox en España o AfD en Alemania. Todos orgullosos y creciendo como hace exactamente un siglo en Europa y en Estados Unidos. No hace muchos años, el presidente de Brasil, Jair Messias Bolsonaro (el capitán que aseguró que lo iba arreglar todo con una metralleta, hasta que no pudo distinguir el Covid de sus hijos) recomendó a los estudiantes grabar las clases de los profesores para denunciar su falta de neutralidad, sus tendencias izquierdosas de criticar y revisar la historia.

En mi universidad aquí en Florida, por ejemplo, los colegas que apoyan semejante medievalismo son una especie casi extinguida. No lo son los pequeños fascistas de la oprimida América latina donde cada tanto algún servidor honorario del poder escribe a nuestras autoridades para que me despidan de mi cátedra por no pensar como ellos. ¿Y todavía preguntan por qué no vuelvo a sus corruptos feudos que, según ellos, es donde pertenezco?

No se trata sólo de fascismo, un efecto colateral (aunque mortal) de un sistema y de una cultura mayor. Todas las formas del poder conservador, clasista, racista, sexista y capitalista detestan ser minoría en cualquier área. Por eso, detestan la cultura, las artes y las ciencias. Esas cosas horribles están llenas de gente que se opone a sus intereses y a su necesidad bíblica de ser adorados como dioses. Casi no hay fascistas y conservadores en el degenerado arte, en la maldita literatura, en la imperfecta ciencia, por lo que hay que desfinanciarlas como sea.

Ahora, como contribución, les proponemos que, en lugar de legislar y sermonear en los grandes medios para controlar el pensamiento ajeno, se pregunten alguna vez por qué los intelectuales, los artistas, los filósofos y los científicos, en su abrumadora mayoría y desde hace siglos ya, siempre están contra ellos. No basta con repetir que todos han sido "engañados por el marxismo" o por la secta de Galileo Galilei, ya que suena poco creíble que toda esa gente sea tonta y los fascistas que los odian sean unos verdaderos genios.

Personalmente, no me importa si los estudiantes graban mis clases por razones ideológicas, ya que estoy abierto a debatir cada detalle de lo que enseñamos en las universidades. De hecho, creo que este país necesita un debate profundo para revisar su edulcorada historia. No lo van a tener porque, precisamente, estas estrategias de intimidación son una forma de sustituir el coraje de confrontar sus ficciones, impuestas por generaciones sin necesidad ni de pruebas documentadas ni de debates serios.

En mis clases no le esquivo a las verdades más traumáticas de Estados Unidos y de América latina, como lo son las múltiples invasiones, intervenciones, dictaduras y golpes de Estados promovidos y apoyados por Washington y, más recientemente, por sus poderosos y multimillonarios servicios secretos, como la NSA y la CIA. Todos crímenes eternamente impunes. Sobre todo, aquellas verdades que el gran poder político y corporativo no quiere que se sepa, aquellas verdades que no entran en los clichés de los discursos y las narrativas sociales de los aduladores del poder. Claro, podríamos dedicarnos a defender nuestros mezquinos intereses personales, pero no es algo que nos sale naturalmente.

Lo que ahora nos preocupa a algunos es la cultura fascista que siempre arremetió de la misma manera a lo largo de la historia: presionando a académicos y disidentes (reales) a autocensurarse para evitar problemas o represalias. Para hacer posible esta nueva amenaza, se pasa por alto otra ley del estado de Florida que prohíbe grabar a otra persona sin su consentimiento. Otra prueba de que las leyes son buenas hasta que dejan de servir a los dueños del poder, como quedó claro desde el despojo de los indios en este país desde hace dos siglos. Así es como funciona el derecho en El país de las leyes y en sus satélites.

En lugar de técnicas de persuasión fascista, ¿por qué no se proponen debatir cada tema que su visión ideologizada considera ideologizado?

La estrategia de igualar partidos políticos, ideologías, izquierda o derecha, como jabones que elegimos en el supermercado, es un error conveniente para unos pocos y trágico para los demás. En cada momento concreto es necesario tomar posición por un partido político concreto, pero la Gran política no se trata de partidos como si fuesen equipos de fútbol. Se trata de la civilización (*polis*) y, más aún, del destino de la humanidad. En nuestro tiempo, es la luchar por la *igual-libertad* para todos o es por la libertad fascista de una tribu, de una clase, de un maldito barrio.

Desde hace siglos, los fariseos-nacionalistas-fascistas llevan una ventaja: aunque están del lado equivocado de la historia, saben cómo hacerlo; saben cómo arrastrarte hasta sus cloacas ideológicas para que a tu generación y a la generación de tus hijos termine por luchar por lo mismo que lucharon tus abuelos, mientras todo se presenta como una cosa horizontal y relativa, cosa de izquierdas y derechas, de conservadores y progresistas, de viganos y veganos.

LA COMERCIALIZACIÓN DE LA EXISTENCIA

Un estudio publicado en la British Medical Association en 2006 reveló un consistente aumento de los problemas psicológicos en niños y jóvenes ingleses en las décadas anteriores.[i]Todo pese al incremento del PIB nacional, a la relativa estabilidad de la inflación y de la economía británica de entonces. Pongo esta referencia académica solo como ejemplo, porque este tipo de observaciones han sido algo común desde entonces. Incluso cuando ya ni la inflación ni el PIB son motivos de orgullo nacionales. No pocos han observado una correlación entre este problema y el incremento del PIB se debe al incremento de la creciente presión del sistema económico para mantener la competitividad entre los individuos desde la educación hasta el ámbito del trabajo—probablemente hoy ese estrés se haya desplazado a la conciencia de las catástrofes económicas que asolan el alguna vez llamado Primer Mundo sin haber sustituido la obsesión materialista y exitista por algo mejor.

Más tarde, la obsesión por el éxito económico es coronada de forma kafkiana con el conocido "síndrome de Willy Loman", en referencia al personaje de Artur Miller, *Muerte de un viajante* (1949). Loman no solo representa el desencanto, el cuestionamiento tardío al "sueño americano" sino al capitalismo en sí mismo. Justo en el momento de la vida en que entendemos que la edad ya nos ha demostrado que nuestras ambiciones no serán posibles y, si lo son, ya no importan tanto como cuando éramos jóvenes. O no eran otra cosa que una dulce mentira: la convicción del viajante Loman (metáfora del homo capitalista) siempre se basó en que *el éxito radica en gustarle a la gente, en saber venderse.*

A punto de jubilarse, Loman descubrirá, como una prostituta vieja que es abandonada al olvido y la indiferencia del mundo, que a nadie le importan sus problemas. Desempleado y desengañado de sus propias teorías, Lowan decide suicidarse para que sus hijos cobren el seguro de vida.

Actualmente, el cobro de un seguro de vida por suicidio no es tan fácil. Las compañías aseguradoras han tomado medidas para que la gente no cometa este acto reprobable, no porque les preocupe la vida de nadie sino porque les preocupa que los beneficios vayan para gente que realmente lo necesita. Si otras grandes compañías como Walmart o ATT se benefician de la muerte de sus trabajadores, entonces ya entra en el ámbito de los negocios. Esto se explica con la actual práctica de la compra de seguros de vida por parte de las compañías para sus empleados. Si el empleado se muere o comete suicidio podrá reemplazarlo fácilmente por otros, pero las ganancias por el cobro del seguro son considerables.

Los seguros de vida que las grandes compañías contratan para sus empleados son llamados "*seguro de vida corporativo*". Esta práctica, iniciada en Estados Unidos en los años 80, se realizaba sin conocimiento de los empleados. Cuando se hizo público, dio lo mismo, porque pocos la entendían y al resto, demasiado ocupado en sobrevivir o en ser exitosos, no le importaba. Cuando en 2006 el IRS obligó a las compañías a informar de este seguro a sus empleados, la práctica no cambió demasiado. Por lo general las compañías se cubren de riesgos contra el consumidor entregándoles un contrato tipo *Cien años de soledad* que el abrumado firmante casi nunca lee y, si lee, no alcanza a descubrir dónde está la frase que realmente importa. De ahí que este tipo de seguro fuese conocido con el nombre de "campesino muerto". Ni él ni su familia están informados ni a nadie le importa en las oficinas de la ciudad. Excepto a quien se quedó con sus tierras o las usó en secreto para obtener algún crédito.

La compañía que contrata este tipo de seguros es la beneficiaria de la póliza, es decir, cuando el empleado se muere, la compañía cobra la compensación por la pérdida del activo, desde un cargo ejecutivo (definido como "persona clave") hasta un empleado invisible (definido como "dólar dividido", ya que parte de las compensaciones llegan a la familia del occiso) para la pequeña dictadura privada. El objetivo sagrado es salvar a la pequeña dictadura y, sobre todo, al sistema neofeudal (la dictadura global) definido por la sacralidad de los beneficios privados de cada corporación.

Esto, que debería ser clasificado como una patología, al menos por la psicología que tiene cualquier variación de la existencia humana clasificada como *síndrome*, es una enfermedad extendida por los continentes y por los últimos siglos. Tanto que no se considera como tal sino como *lo deseable*.

Durante la Guerra Fría, la escritora ruso-estadounidense Ayn Rand quiso llevar al extremo las ideas liberales sobre las bondades del egoísmo y denunció el altruismo como una plaga de la humanidad. La empatía y la compasión son irracionales y destructivos. Los ricos son ricos porque lo merecen y los pobres deben morir si no son capaces de ganar en el juego capitalista. En las últimas décadas, Rand se convirtió en la autora de cabecera de los políticos de la derecha estadounidense. Paul Ryan, el influyente representante de Wisconsin (el mismo estado de Joseph McCarthy) y distinguido con la Medalla del Departamento de Defensa, lo reconoció de forma explícita: "*Ayn Rand, más que nadie, hizo un trabajo fantástico al explicar la moralidad del capitalismo, la moralidad del individualismo y eso, para mí, es lo más importante*". En otro momento: "*La razón por la que me involucré en el servicio público, en general, si tuviera que darle crédito a un pensador, a una persona, sería Ayn Rand*". Antes que descubriese que Rand era atea, Ryan le regalaba sus libros a sus amigos y empleados.

Como vimos en otro libro, estudios psicológicos más recientes han demostrado lo contrario: la cooperación y el altruismo son mejor valorados por los humanos en su infancia antes de ser corrompidos por una educación egocéntrica, supercompetitiva y psicópata.

Pero la paranoia utilitarista no se limitó nunca al Primer Mundo, sino que se exportó convenientemente a las colonias también. Bastaría con echar una mirada a los llamados Tigres Asiáticos en las últimas décadas para corroborar esta hipótesis. Veremos este caso en el capítulo "Ejemplos exitosos de neocolonialismo".

EL DOGMA CAPITALISTA Y SUS FÓSILES

CAMINANDO POR EL CAÑÓN DEL COLORADO no es raro encontrarse con un trozo de árbol que se petrificó millones de años atrás. Al petrificarse ese trozo de madera dejó de ser madera para convertirse en piedra. Lo mismo cuando vemos una hoja estampada en una roca que ha sido abierta, un caracol, un pez o una abeja fosilizada 70 millones de años atrás. Esos fósiles ya no son madera, no son huesos, no son carne sino, básicamente, roca. Lo que vemos es la forma, el reflejo de un pasado lejano, no su naturaleza original.

El mismo proceso ocurre con las ideas fundadoras, desde las religiosas hasta las ideológicas. Pero el dogmático no es el *radical* (aquel que va a la raíz), ni el *original* (aquel que va al origen), sino aquel que transforma una forma original, una idea viva, en un fetiche fosilizado. Es un proceso común en cualquier religión.

Lo mismo ocurre con la constitución de Estados Unidos y de muchos otros países, sobre todo aquellos orgullosos que lograron someter a otros pueblos por la gracia de Dios. La obsesión radica en deducir e interpretar *correctamente* la intención original de quienes vivieron hace 250 años, hablaron un inglés bastante diferente al actual y, sobre todo, vivieron en un mundo que ha desaparecido. Una obsesión bíblica por alcanzar a través del texto la intención divina de gente que no tenía idea de la realidad y de los problemas de diez generaciones posteriores.

Un ejemplo clásico es la discusión que rodea la Segunda Enmienda: esa simple línea ¿se refiere al derecho de portar armas de una "milicia regulada" o de individuos desconectados, ejerciendo el dogma del derecho individual, como el derecho a la propiedad, por encima de cualquier otro derecho? El versículo sagrado dice: *"Siendo necesaria una milicia bien organizada para la seguridad de un Estado libre, no se violará el derecho del pueblo a poseer y portar armas"* (*A well regulated Militia being necessary to the security of a free State, the right of the people to keep and bear Arms, shall not be infringed"*). Está de más recordar que tanto en la constitución como en las leyes la palabra "gente" o "pueblo" (*people*) se refiere a hombres blancos. Por entonces ni siquiera era necesario aclararlo. También se ha echado al olvido que por décadas, la "milicia bien organizada" fue la policía original, y su derecho a portar armas era consistente con su casi única función: mantener a los esclavos felices y produciendo en paz, según del principio de "la ley y el orden".

La interpretación conservadora y literal de la Asociación Nacional del Rifle y de los evangelizados defensores de las armas consiste en ignorar lo de "milicia regulada" e interpretar *"people"* no como pueblo sino como "individuos". Si aplicamos el análisis de la estructura profunda del lenguaje (la UG de Chomsky) las interpretaciones conservadoras se desarman como un castillo de naipes. Sin embargo, aun dejando de lado estos detalles ligústicos, lo más objetivo que podemos decir es que, más allá de la interpretación del texto sagrado, es que ha sido la interpretación neoconservadora de la derecha republicana la que ha dominado en los congresos y en la altamente politizada y conservadora Suprema Corte, logrando que Estados Unidos sea un arsenal de armas en nombre de una seguridad que nunca ha llegado debido a las masacres diarias.

¿Es necesario leer esa línea de una constitución o de una ley como un fanático religioso lee un texto sagrado que asume fue escrito por la mano de Dios? ¿O podemos entender que los llamados Padres fundadores no sólo eran hombres mortales sino, además, poderosos dueños de esclavos que organizaron una constitución, sus enmiendas y casi todas las leyes a su imagen y conveniencia—en nombre de principios universales?

Lo mismo podemos ver en las interpretaciones ideológicas que se convierten en dogmas. Todas las grandes ideas, aquellas que se han expandido a distintos pueblos y distintas generaciones, sufren un observable proceso de fosilización—que, como un fósil, también es un proceso de simplificación y transmutación en otra cosa. Con esto no me refiero sólo a una fijación e incapacidad para el cambio, sino lo contrario. Es un lugar común acusar a los marxistas de ser dogmáticos, a pesar de que es una de las corrientes de pensamiento más abiertas a correcciones y nuevas interpretaciones de su propia ideología o interpretación del mundo. No por casualidad, la izquierda ha estado históricamente más fragmentada políticamente que la derecha. La razón, entiendo, radica en que, pese a la multiplicidad de recursos tradicionales (religión, patria, orden, capital, propiedad) a la derecha la unen los intereses económicos, que son los que dominan el mundo, mientras que la izquierda ha pasado la mayor parte de su historia deliberando diferentes estrategias de resistencia a ese poder.

Por lo general, las acusaciones sobre el dogmatismo de la crítica marxista proceden del otro extremo del espectro político, los liberales de cartón de la extrema derecha. Sus fósiles suelen ser profetas como Adam Smith o Milton Friedman—un radical, pero versión moderada de Friedrich von Hayek. Sus lecturas están fosilizadas y sólo mantienen la forma, como las ideas de la "libertad de mercado", la "libre competencia", "las empresas privadas lo hacen mejor", "la mano invisible del mercado" o el principio del "egoísmo como motor del progreso", cuando el mismo Smith nunca alcanzó este grado de simplificación fósil. Por no seguir con Joseph Schumpeter, que dos siglos después también advirtió sobre la contradicción liberal que lleva a la concentración de las grandes corporaciones privadas.

Por no seguir con la palabra y la idea de "libertad", secuestrada, violada, fosilizada, triturada, vaciada de sentido y arrojada a las cloacas discursivas de políticos que si por algo se identifican es con sus socios de la extrema derecha, de las viejas y nuevas dictaduras, de los viejos y nuevos empresarios dedicados a exterminar cualquier competencia y la libertad humana de cualquiera que no pertenezca a sus reducidos círculos de intereses feudales.

Este fanatismo capitalista que maduró en el siglo XVII y que ya se encuentra en el CTI, no sólo fosilizó sus propias ideas sino la misma existencia humana, simplificándola al extremo de la esclavitud voluntaria del individuo-masa, del individuo-cosa que se cree libre por el solo hecho de gritarlo con fuerza y con toda la ira que procede de su propia frustración.

En una entrevista de setiembre de 2022, analizando los graves problemas presentes y el problema del futuro de Estados Unidos, el economista Nicholas Eberstadt, fue categórico: *"lo que realmente necesitamos en lugar de un Premio Nobel de economía es un Premio Nobel de literatura, porque el problema es el Zeitgeist, el corazón humano, de todas las cosas que dan sentido a la humanidad"*.

EXPANDIR LA BENDICIÓN DE LA ESCLAVITUD AL MUNDO

EL 11 DE SETIEMBRE DE 1858, EL SENADOR y exgobernador de Mississippi, Albert Gallatin Brown, en un aplaudido discurso proclama: *"Quiero poner un pie en América Central, por las razones ya repetidas varias veces. Quiero Cuba, y todos saben que, antes o después, será nuestra. Si la comegusanos de España la cede por un precio razonable, mejor. Si no, igual la tomaremos. Quiero Tamaulipas, Potosí, y uno o dos estados más de México... Y los quiero por la misma razón: para que la esclavitud se expanda por todo el continente... Sí, quiero todos esos países para que podamos expandir la esclavitud. Quiero expandir la bendición de la esclavitud a todos los rincones del mundo, como expandimos la religión del Señor... No quisiera imponerles nada, sino convencerlos, como convencemos a los demás de las bendiciones de los Evangelios. Claro que sé que es una tierra de rebeldes y que no van a aceptar ni a recibir nuestra bendición tan fácilmente..."*

Mientras los estados del Sur continúan expandiendo el sistema eslavista, en mayo la revista *United States Democratic Review* de Nueva York, en su artículo "El destino de México", asegura que: *"Muchos países nos acusan de insistir demasiado sobre eso del Destino manifiesto. En esto tienen razón. Nosotros sentimos la mano de Dios sobre nosotros... México comenzó su historia con todo a su favor, excepto una: su gente no era blanca,*

*no eran caucásicos... Tenían una mala mezcla de sangre espa-
ñola, indígena y negra. Gente de este tipo no sabe cómo ser libre
y nunca lo sabrá hasta que sea educada por la Democracia americana, por la cual el amo gobernará sobre ellos hasta que un día
ellos aprendan cómo gobernarse solos... México no se puede gobernar a sí mismo. Pero ha llegado el tiempo por el cual la Providencia nos obliga a tomar posesión de ese país... No vamos a tomar
México por nuestro propio interés, lo cual sería una broma imposible de creer. No, vamos a tomar México por su propio beneficio,
para ayudar a los ocho millones de pobres mexicanos que sufren
por el despotismo, la anarquía y la barbarie".*

El presidente, los senadores y los empresarios saben que
Estados Unidos necesita acortar los seis meses de tránsito que
necesita un barco para ir de la costa este a la costa oeste por
el estrecho de Magallanes. Por Nicaragua o por Panamá podrían hacerlo en menos de un mes. Pero Inglaterra tiene necesidades similares y amenaza con establecerse en América
Central. El senador Albert Brown de Mississippi considera
esta presencia inaceptable: *"Si queremos América Central, la
forma más barata y rápida es ir y tomarla, y si Francia o Inglaterra interfieren, le leeremos la doctrina Monroe y punto".*

No sólo la necesidad de ser ofendidos para luego reclamar un castigo por las ofensas recibidas ha sido un arma psicológica, política y prebélica del nuevo país, del nuevo
imperio anglosajón, sino también de Gran Bretaña. Ante la
arrogancia de Estados Unidos sobre su derecho a decidir el
destino de las Américas, su ministro de relaciones exteriores,
Lord Clarendon, cuatro años atrás había dicho que los

estadounidenses eran *"una nación de piratas"*. La historia sería divertida si no fuese trágica. El primer ministro Palmerston, había estado de acuerdo y se había burlado con acento de inglés americano de la pretensión de ser *"la nación más grande del mundo"*. En un memorándum del 10 de setiembre de 1854, Lord Clarendon había observado que *"no habrá ni un solo país que algún día no sea expuesto a la arrogancia de Estados Unidos… y un día volverá a todas las naciones del mundo contra ellos"*.

Pero no era solo arrogancia lo que había definido al nuevo imperio sino un profundo fanatismo racial y religioso que lo llevará, como a cualquier pueblo fanático, a lograr grandes cosas mientras, por ser el ganador, será representado por propios y ajenos no como resultado del fanatismo sino del sentido común y pragmático de una raza, primero, y de una cultura superior, después. El representante de Missouri, Thomas L. Anderson, en 1859 se había sumado al debate expansionista sobre el Caribe y América Central. Como la mayoría, no quería ni imaginar la posibilidad de mezclar la superior raza anglosajona con la de idiotas negros y mestizos del sur, pero aun así persistía la necesidad de controlar el área por razones geopolíticas y de tránsito comercial entre el Atlántico y el Pacifico. Aunque más improbable que en el caso de los territorios arrancados a México, todavía quedaba la posibilidad de que *"ola tras ola de inmigrantes"* mejoren América Central hasta que *"sus supersticiones, su ignorancia y su anarquía sea reemplazada por la paz, el conocimiento, el cristianismo y por nuestras instituciones nacidas en el Cielo"*.

CONSUMISMO, OTRA HERENCIA DEL SISTEMA ESCLAVISTA

Estrategia y dogma

PARA DECRETAR LA ABOLICIÓN de la esclavitud tradicional en sus posesiones del Caribe, los ingleses previeron un tipo de esclavitud deseada por los nuevos esclavos. El 10 de junio de 1833, un miembro del Parliament, Rigby Watson, lo había resumido en términos muy claros: *"Para hacerlos trabajar y crearles el gusto por los lujos y las comodidades, primero se les debe enseñar, poco a poco, a desear aquellos objetos que pueden alcanzarse mediante el trabajo. Existe un progreso que va desde la posesión de lo necesario hasta el deseo de los lujos; una vez alcanzados estos lujos, se volverán necesidades en todas las clases sociales. Este es el tipo de progreso por el que deben pasar los negros, y este es el tipo de educación al que deben estar sujetos".*

En 1885, el senador Henry Dawes de Massachusetts, reconocido como un experto en cuestiones indígenas, informó sobre su última visita a los territorios cheroqui que iban quedando. Según este informe, *"no había una familia en toda esa nación que no tuviera un hogar propio. No había pobres ni la nación debía un dólar a nadie. Los cheroquis construyeron su propia capital y sus escuelas y sus hospitales. Sin embargo, el defecto del sistema es evidente. Han llegado tan lejos como pueden, porque son dueños de sus tierras comunales... Entre ellos no hay egoísmo, algo que está en la base de la civilización. Hasta que este pueblo no decida aceptar que sus tierras deben ser divididas entre sus ciudadanos para que cada uno pueda poseer la tierra que cultiva, no harán muchos progresos...*"

Naturalmente, la opinión de los administradores del éxito ajeno prevalecerá y las tierras cheroquis serán divididas y generosamente ofrecidas a sus habitantes en forma de propiedad privada. Exactamente la misma receta de privatizaciones continuó el Dictador Porfirio Díaz en México contra el sistema de producción comunal y para copiar el éxito estadounidense, logrando el mérito de dejar sin tierras al ochenta por ciento de la población rural, lo que terminaría muchos años después en la Revolución Mexicana.

En 1929, el periodista más promocionado por la UFCo (y amigo de Henry Ford), Samuel Crowther, informó que en América Central "*la gente trabaja sólo cuando se les obligaba. No están acostumbrados, porque la tierra les da lo poco que necesitan... Pero el deseo por las cosas materiales es algo que debe cultivarse... Nuestra publicidad tiene el mismo efecto que en Estados Unidos y está llegando a la gente común, porque cuando aquí se desecha una revista, la gente la recoge y sus páginas publicitarias aparecen como decoración en las paredes de las chozas de paja. He visto los interiores de las cabañas completamente cubiertos de páginas de revistas estadounidenses... Todo esto está teniendo su efecto en despertar el deseo de consumo en la gente*" (3). Samuel Crowther consideraba al Caribe como el lago del Imperio americano, el cual protegía y dirigía el destino de sus países para gloria y desarrollo de todos.

La por entonces reciente derrota política de la Confederación proesclavista se desquitó con varios triunfos culturales e ideológicos. Todos pasaron inadvertidos. En tiempo récord se levantaron cientos de monumentos a los héroes derrotados, se hicieron películas idealizando a los defensores de la esclavitud y las teorías sobre la raza superior en peligro de extinción inundaron los escritorios de políticos y generales.

Una de estas victorias secretas consistió en idealizar a los amos y demonizar a los esclavos. En lenguaje moderno, los patrones y los asalariados. Por eso, por las muchas generaciones por venir, en Estados Unidos se celebrará el *Memorial Day* (en memoria de los caídos en las guerras) y el *Veterans Day* (en honor a los ex combatientes de esas guerras imperialistas), todo en nombre de la defensa y la libertad, una copia exacta de la retórica de los esclavistas del sur que se expandieron sobre territorios indios, mexicanos y ultramarinos y crearon el nuevo imperio americano.

El Memorial Day es un título abstracto; el Veterans Day, algo concreto por demás. Para los trabajadores no habrá Día de los Trabajadores y, mucho menos, será el primero de mayo que recordará en todo el mundo la masacre de trabajadores en Chicago que, como en todo el país, reclamaban el derecho a las ocho horas laborales. Para olvidar este inconveniente, el presidente Grover Cleveland oficializará el *Labor Day* (Dia del trabajo) en setiembre, casi en las antípodas de mayo, como si hubiese trabajo sin trabajadores, lo cual significó otro oculto triunfo de los esclavistas derrotados en la Guerra Civil dos décadas atrás: los negros, los pobres, los de abajo, los que trabajan, no sólo son holgazanes, inferiores y, al decir del futuro presidente Theodore Roosevelt, perfectamente idiotas, sino que también son muy peligrosos. Sobre todo, por su número. Sobre todo, por esa costumbre de proponer uniones. Los amos (blancos), los de arriba, los sacrificados del champagne, son quienes crean trabajo con sus inversiones. Son quienes, cada tanto, deben ser protegidos por sus protegidos: las iglesias y los militares (en Estados Unidos con el culto al veterano de guerra que "protege nuestra libertad" y en América Latina los militares que corrigen los errores de las democracias con sangrientas dictaduras). Para la vieja tradición esclavista, para los amos de lo que el viento se llevó, pero siempre vuelve, los verdaderos responsables del progreso, de la estabilidad, de la paz y de la civilización son los amos de las plantaciones, los empresarios de las industrias, quienes controlan y se benefician en primer lugar del sistema dominante. Son la élite del pueblo elegido y representan todo eso que los sucios y mal hablados esclavos (ahora blancos asalariados venidos de la pobre Europa) quieren destruir.

El origen del consumismo como otra expresión del esclavismo fue rápidamente ocultado por derrotas aparentes, como el sufrido en la Guerra civil estadounidense. Luego del trauma nazi en la admirada Alemania de Hitler, las potencias colonialistas de Noroccidente (retaguardias y garantes de transnacionales como UFCo, Standard Oil, Exxon Mobil,

Chevron, BP, Shell, Nestlé, ITT, Ford, Pepsi, etc.) abandonaron la antigua retórica que justificaba sus invasiones e intervenciones por la inferioridad racial de los países negros y mestizos. Mientras las potencias colonialistas se encontraban distraídas con la guerra, una docena de países latinoamericanos, desde Argentina hasta Guatemala, recuperaron sus democracias.

Hasta que las nuevas ayudas de Washington terminen por imponer una nueva ola de dictaduras y la zanahoria del consumo se imponga sobre cualquier otra dimensión humana como un acto de fe, como un dogma indiscutible.

Micropolítica y desmovilización

Durante la Guerra fría, las potencias noroccidentales vencedoras de la Segunda Guerra borraron de sus discursos la palabra *negros* y la sustituyeron por *comunistas*. Este enroque lingüístico tenía la ventaja de que podía ser aplicado a cualquiera y *a piacere*, sin importar su color de piel y, de paso, se evitaba un lenguaje inconveniente para que los imperios que no querían más ser llamados así, pudieran continuar haciendo lo mismo que habían hecho en los últimos siglos. Gracias a la militarización de los países latinoamericanos por parte de Washington, en menos de dos décadas la región frustró todas sus revoluciones democráticas y una decena de dictaduras fueron reinstaladas en esos países para asegurar el "orden en el caos" (pieza lingüística heredada del período en que los indios y negros eran el problema), ahora bajo la doctrina de la Seguridad Nacional y en defensa de la libertad y la democracia.

La nueva excusa de una lucha contra un comunismo, irrelevante en la región, se complementó con otro sustituto del racismo anterior: las naciones subdesarrolladas tenían "culturas enfermas" y "raíces torcidas". A todos aquellos que decidieron reivindicar las culturas colonizadas, como mi amigo Eduardo Galeano, se los calificó de "perfecto idiota latinoamericano" y se los responsabilizó por el subdesarrollo de esos países. Incluso, el repetido argumento para la vieja práctica expansionista de Estados Unidos (sobre territorios indios, mexicanos y luego ultramarinos), la repetida auto victimización de "fuimos atacados primeros y tuvimos que defendernos" fue arrojada como otro bombardeo sobre los colonizados, como una enfermedad psicológica de los otros: los subdesarrollados, los pobres están como están porque se victimizan. Del imperialismo y las múltiples intervenciones militares y económicas, de los bloqueos y las explotaciones de las poderosas corporaciones privadas, nada.

En Estados Unidos, la comunidad hispana ni siquiera pudo tener un Malcolm X. Cualquiera que se aproximara de lejos, cualquiera que pensara diferente y se atreviera a publicarlo fue demonizado como "comunista" o "antiamericano". Los "coloridos híbridos", fueron adoctrinados con discursos sobre el éxito, la libertad y la democracia, sin importar que la amplia mayoría de ellos nunca alcanzó ni lo uno ni lo otro, sino un rosario de dogmas ideológicos y propagandísticos llenos de odio para sus hermanos que se quedaron en las repúblicas bananeras y más odio a los pobres del sur, "los ilegales que quieren invadir esta gran nación".

No siempre fue así. Hace un siglo, en Estados Unidos hubo organizaciones como la *American Anti-Imperialist League* que protestaron contra las intervenciones en Cuba, Filipinas y hasta tomaron posición en favor de Augusto Sandino en Nicaragua. Entre los antiimperialistas estuvieron escritores como Mark Twain, feministas como Jane Addams y hasta un millonario como Andrew Carnegie. Más recientemente, la guerra en Vietnam provocó diversas protestas y movilizaciones, las que tuvieron algún efecto, pero pronto fueron neutralizadas por las reacciones neoconservadoras, a fuerza de millones de dólares y una poderosa logística enraizada en los grandes negocios, en varias iglesias y en el gobierno.

Ahora estos movimientos son prácticamente inexistentes, a pesar de que las movilizaciones por una mayor justicia racial se han incrementado. Un factor ha sido la desmovilización de la conciencia internacional, como la que en su momento resumió el boxeador Mohammed Alí: "*¿Por qué me exigen que me ponga un uniforme y vaya a tirar bombas sobre gente morena en Vietnam mientras que los negros en Louisville son tratados como perros y se les niegan los derechos humanos básicos?*" Por el contrario, los raperos que ahora venden rebeldía conveniente, rebeldías de cocaína, de obscenidades tóxicas y no paran de presumir en sus canciones que tienen muchos millones de dólares y que los perdedores no tienen nada. Como si todo se tratase de otra campaña multimillonaria de los servicios secretos, de esas que tanto abundan el pasado conocido. Ahora los movimientos antirracistas de Estados Unidos no organizan marchas ni protestas por el racismo internacional de las grandes potencias mundiales que interfieren a gusto en naciones más débiles. Como si todo se hubiese resuelto. Este divorcio es estratégico, como la fragmentación de la sociedad y del pensamiento, distraído en problemas de micropolítica.

Nada nuevo. Poco antes de la Revolución Americana, los gobernadores lo tenían claro y lo escribieron en sus cartas: para evitar que negros, indios y blancos pobres continuasen peligrosamente conviviendo y trabajando juntos, se inoculó el odio entre las razas. Así, los blancos pobres pudieron ver más claramente el color de piel de sus vecinos y no la opresiva condición social a la que pertenecían ambos. Se liquidaron las rebeliones de los oprimidos sustituyéndolas por el odio racial promovido por los de arriba.

La otra estrategia, en este caso cuidadosamente planificada, consistió en secuestrar reivindicaciones legítimas: en el siglo XIX Rebecca Latimer Felton, feminista, educadora y senadora por 24 horas en 1922, revindicó el linchamiento en masa de los negros para que no hagan caer en tentación a las doncellas blancas. En el siglo XX el publicista y manipulador de la opinión pública, Edward Bernays, secuestró el movimiento feminista para vender más cigarrillos con sus "antorchas de libertad". Más recientemente, se reivindicaron y financiaron desde Washington los otrora peligrosos movimientos indígenas, ahora en contra de los gobiernos desobedientes como en Ecuador y Bolivia. En el resto del continente, la CIA secuestró movimientos rebeldes financiando "sindicatos libres", gremios de estudiantes opositores, libros y medios de centro izquierda, fundaron y financiaron cursos universitarios para "crear líderes responsables".

La misma estrategia de fraccionar-y-secuestrar continúa reproduciéndose hoy entre los rebeldes. Para resolver el antiguo conflicto racial se echa al olvido la injusticia internacional que, históricamente, se sustentó en el racismo, pero siempre sirvió a intereses menos coloridos. Una parte de la retórica de la supremacía blanca se sustituyó por el odio nacionalista. Las causas de la micropolítica (derecho a usar este o aquel baño, reivindicación de una matemática negra discriminada en la NASA, derecho de los homosexuales a ser soldados) suelen ser justas y necesarias, pero han perdido conciencia global, la idea del injusto marco general que incluye sus justos reclamos.

El consumismo es otra fragmentación y una reclusión del pensamiento, de las emociones y los deseos en un marco estrecho que no solo impide pensar en otros pueblos que lo sufren, sino que impide cualquier cambio individual en los pueblos que supuestamente se benefician de ese tóxico, ya que se trata de una adicción anestésica. Así también, el racismo y el clasismo internacional se reproducen en catástrofes olvidadas como los derramamientos de petróleo en países pobres de África o de América latina. Se reproduce en el olvido de la opinión pública por la destrucción del medioambiente debido al cambio climático, causado por las potencias mundiales y sufrido, sobre todo, por los países pobres. Se reproduce en el odio por los desplazados de las guerras, de dictaduras amigas, de una economía que descarta a los seres humanos cuando ya no le sirven. Se reproduce en el siempre conveniente odio entre los de abajo que no logran el consumo prometido por el dogma y la publicidad.

CAPITALISMO NEGRERO

EL PRESIDENTE DE ARGENTINA Javier Milei, actual abanderado de la política económica ultraliberal impuesta a las colonias del Sur desde el siglo XVIII y desde su púlpito X celebra, sin temor a repetirse como un *bot*, la caída de la inflación a un 2,5 por ciento. Obviamente, la inflación de un país no explota y luego se desploma en solo seis meses por ningún plan económico de «austeridad responsable» (esa que nunca tienen los centros imperiales pero que le recomiendan a punta de cañón a sus colonias), menos por el éxito de ninguna fórmula mágica, ni siquiera por la inundación de millones de dólares que solía descargar Washington sobre las dictaduras amigas, sino por una profunda crisis social y económica que está destruyendo la trama social y productiva del país. Un fenómeno que en su última fase había comenzado con el gobierno de Mauricio Macri y los mismos economistas que hoy reinan sin restricciones. Ya no lo llaman "sinceramiento de la economía" pero recomiendan privarse de productos y servicios básicos como ocho años atrás recomendaban no usar agua, gas y electricidad para calentarse en invierno.

No es necesario aclarar que esas recomendaciones, como las políticas de ajuste, siempre se refiere a la clase trabajadora antes, durante o después de su vida productiva. Los

ricos no caminan de rodillas para agradecerle a la Virgen ni
se revuelcan en el suelo de una iglesia pentecostal para exor-
cizar a los demonios. La obligación de sufrir es siempre cosa
de pobres.

Ahora se continúa desde los medios privados del oficia-
lismo (los mismos medios, los mismos políticos, los mismos
economistas, los mismos intereses) la recomendación a dejar
de consumir café, chocolates, alfajores, agua en botella de
medio litro y cualquier otro producto prescindible. A los capitalistas salvajes y sus caricaturas neoliberales nunca les im-
portó las externalidades derivadas del consumismo irracional
y suicida, pero ahora ni siquiera les importa destruir su propio principio de consumo irracional y hasta la base misma de
la economía: la producción y el consumo de la clase trabajadora. En otras palabras, un retorno a la lógica de la esclavitud
decimonónica: cuanto menos consuman los esclavos, mejor.

¿Cómo? Promoviendo la reducción del consumo de
productos básicos de las clases media y baja (es decir, de la
clase trabajadora) mientras, a un costo millonario, el presidente y la primera dama viajan una vez cada pocas semanas
a los centros imperiales para que el Narcisista en jefe que pusieron los argentinos en la Casa Rosada reciba alguna meda-
llita adulatoria o llore emocionado ante un gigantesco
cuadro de sí mismo. Ahora ni siquiera les importa destruir su
propio principio de consumo ilimitado como base de crecimiento del PIB ni les importa destruir la base misma de la
economía llevando a la quiebra a los pequeños y medianos

empresarios aniquilando la producción y el consumo de la clase trabajadora.

¿Por qué? Esta paradoja es una política «temporalmente anticapitalista» y se explica por la misma lógica el capitalismo depredador: las crisis cíclicas no son sólo parte de su naturaleza, parte de la lógica que ha divorciado primero producción de economía y, más recientemente, economía de finanzas, sino que es parte de la estrategia de acumulación capitalista, de la cual el imperialismo es su máxima expresión: cada vez que un país entra en crisis, quienes tienen dinero compran todo por nada y los centros financieros consolidan y expanden endeudados, es decir, esclavos modernos. Cuando la economía argentina inevitablemente se recupere para volver a producir para volver a pagar una nueva deuda faraónica, su pueblo será más dependiente que antes de la implantación del Plan Negrero–irónicamente, en el país más blanco de América después de Uruguay.

En otras palabras, están en fase retorno a la lógica de la esclavitud decimonónica: cuanto menos consuman los esclavos, mejor. A los esclavistas no les importaba destruir la producción que no fuera la de sus propias haciendas porque siempre estaba la opción de importar productos de los centros industriales y éstos estaban felices de vender sus productos manufacturados caros y de comprar materias primas baratas gracias a la bestialización de los esclavos negros y de los esclavos asalariados. Cuanto menos educados, más dóciles, más fanáticos defensores del sistema que los explotaba y, por si fuese poco, más baratos.

Esta regresión incluso va más allá de 1833, año en que los británicos habían entendido que el sistema esclavista ya no les era un beneficio sino un estorbo a su nuevo producto de exportación, el dogma del libre mercado. Para decretar la abolición de la esclavitud de grilletes en sus posesiones de ultramar, comenzaron a promover un tipo de esclavitud deseada por los nuevos esclavos. El 10 de junio de 1833, un miembro del Parliament, Rigby Watson declaró: "*Para hacerlos trabajar y crearles el gusto por los lujos y las comodidades, primero se les debe enseñar, poco a poco, a desear aquellos objetos que pueden alcanzarse mediante el trabajo. Existe un progreso que va desde la posesión de lo necesario hasta el deseo de los lujos; una vez alcanzados estos lujos, se volverán necesidades en todas las clases sociales. Este es el tipo de progreso por el que deben pasar los negros, y este es el tipo de educación al que deben estar sujetos*".

En Argentina han decidido volver aún más atrás en la historia, algo que, por otra parte, es una fascinación clásica del fascismo y del mesianismo: el pasado.

La historia sigue rimando y en cada verso deja un tendal de víctimas listas para el olvido.

ESCLAVISTAS, MILLONARIOS Y SINDICATOS

AL SER UNA CRISIS CONTROLABLE (aunque trágica) el Covid-19 no hizo colapsar el sistema global capitalista, pero envió al CTI a su hijo pródigo, el neoliberalismo. El principio del egoísmo individual como fórmula de la prosperidad colectiva de Adam Smith (el dogma más perverso de la historia moderna) ha sido puesto en cuestionamiento, sobre todo con la lentísima aceptación del cambio climático. Al igual que en la depresión de los años 30, en esta crisis los estados confirmaron su rol de bomberos, no por sus ejércitos sino por sus servicios sociales. La percepción positiva de los sindicatos trepó veinte puntos en pocos años y la de los militares cayó del 70 en 2018 al 56 por ciento, aún antes del fiasco de Afganistán.

Al igual que en los 30, se comienza a reconsiderar el rol de diferentes organizaciones populares, como los demonizados sindicatos. Por un lado, se ha alcanzado un mínimo histórico en el número de afiliados (11 por ciento; seis por ciento en el sector privado) y, por el otro, llegamos a un máximo (desde 1965) de percepción positiva del 68 por ciento, 20 puntos sobre la medición anterior de 2009. Si consideramos el grupo de jóvenes menores de 34 años, la aprobación llega al 77 por ciento.

Durante esta pandemia, la fortuna de individuos como Jeff Bezos y Elon Musk se multiplicó, mientras el salario mínimo es el mismo desde 2010. Hoy Tesla vale casi tanto como la economía de Australia y Amazon más que toda Canadá. Pero no se puede inflar un globo por siempre. Los diversos estudios que confirman la existencia de una correlación entre agremiados y la brecha de ingresos entre los ricos y la clase trabajadora han germinado en la conciencia popular. Las nuevas generaciones serán culpadas de la decadencia hegemónica de Estados Unidos, pero su percepción es consecuencia de esa misma decadencia que los mantiene atrapados en deudas y falta de perspectivas (algo que también los profesores percibimos cada día en nuestros estudiantes).

La sobrevivencia de la cultura esclavista

En 1865 los confederados del sur fueron derrotados por los unionistas de Lincoln pero, a partir de ahí, comenzaron a ganar múltiples batallas políticas y culturales que persisten hasta hoy. No sólo sus generales fueron indultados por intentar destruir el país; no solo lo regaron con monumentos a los racistas más radicales de la historia, sino que consolidaron la vieja cultura de la impunidad de la extrema derecha y revirtieron varios logros legales de los negros, de los mestizos y de los pobres con las leyes Jim Crow, con golpes de estado cuando los negros ganaron elecciones, con políticas de segregación y exclusión, con la creación de guetos urbanos para negros a través del trazado de autopistas, y con la criminalización de negros y latinos a través de excusas, como la más reciente guerra contra las drogas.

Pero hubo una herencia aún mayor en el corazón ideológico del país. No sólo le arrancaron Texas y el resto de los estados del Oeste a México para reinstalar la esclavitud donde era ilegal, sino que aventureros como William Walker la legalizaron apenas se autonombraron presidentes de países como Nicaragua, u operaron en diversas "repúblicas bananeras" sin respetar ninguna ley de las "razas inferiores". Luego, de forma deliberada, exportaron el consumismo a su patio trasero para reemplazar la esclavitud legal por la esclavitud asalariada.

Quienes eran minoría en Estados Unidos lograron imponer un sistema electoral que persiste hasta hoy para dominar la política en Washington. De la misma forma que esos poderosos esclavistas del sur expandieron la esclavitud por generaciones en nombre de la civilización y la libertad, luego de la Guerra civil impusieron la idea de que la libertad y la prosperidad dependían de los empresarios millonarios. Amenazar su prosperidad era amenazar la prosperidad y la existencia de toda una nación. La más reciente "Teoría del derrame" no es otra cosa que la continuación de la teoría del amo como benefactor de sus esclavos. La idea de que son los ricos quienes crean empleo y no los trabajadores, no es otra cosa que la continuación de la sacralización de los amos y la demonización de los esclavos, convertidos ahora en asalariados.

A dos décadas de la derrota de 1865, se evitó recordar la masacre de Chicago celebrando el "Día de los trabajadores"; se lo reemplazó con un día abstracto, el "Día del trabajo", justo cuando los sindicatos de obreros eran fuertes en los estados del norte. No por casualidad, cuando en 1935 F. D. Roosevelt promovió la Ley Wagner para apoyar a los sindicatos en un Nuevo Contrato Social que sacaría al país de su mayor crisis económica, en los estados que antes conformaron la Confederación casi no hubo sindicalización.

En la historia nada se crea ni se destruye completamente. Todo se transforma. El "Destino manifiesto" se continuó con la retórica del liderazgo de "La raza/el mundo libre". La obsesión anglosajona de tener todo bajo control, sobre todo a las razas inferiores que no sabían gobernarse, se continuó con la excusa de la guerra contra el comunismo durante la Guerra Fría... y más allá. El zar de la prensa William Hearst fue un millonario progresista (mientras sus clientes fueron trabajadores) hasta que Franklin Roosevelt promovió, con nuevas leyes, el derecho de los trabajadores a agremiarse. Entonces se convirtió en el primer McCarthy antes de la Guerra Fría. Hearst fue uno de los inventores de la prensa amarilla y de la Guerra contra España (junto con el venerado Pulitzer) que les secuestró la revolución a los cubanos en 1898. Tres décadas después, atendiendo a sus intereses económicos, lanzó una campaña mediática identificando a Roosevelt y los sindicatos con el comunismo, como antes se identificó a los negros con el caos y con una imaginaria violación colectiva de las hijas rubias. Su coqueteo con el nazismo (como el de tantos otros millonarios de este lado) tenía todo de la tradición del Sur esclavista: la raza superior, la clase dominante es la salvación de la civilización, la libertad y el progreso.

Sindicatos en Estados Unidos hoy

No pocos esclavos apoyaron la esclavitud. No pocos asalariados apoyaron a millonarios poderosos como Herbst. En abril 2021 los trabajadores de Amazon en Alabama votaron (1798 a 738) contra el establecimiento de un sindicato, a pesar de sus paupérrimas condiciones de trabajo, lo que demuestra que los mitos nacionales (si los millonarios sufren, se acaba el mundo) son más fuertes que las necesidades personales. Una moraleja reproducida por asalariados y empresarios que venden en la calle se hizo viral entre los hispanos de Florida: *"Los ricos madrugan como pobres y los pobres duermen como ricos"*.

Pero hay otras razones: Amazon acosó a sus trabajadores de Alabama por email y con reuniones individuales para que votaran en contra. Práctica que luego llamó "educación". La vieja tradición esclavista de educar a los de abajo para que apoyen los intereses de los de arriba.

Según un proyecto de ley del nuevo gobierno, conocido como *Protecting the Right to Organize*, estas prácticas de acoso podrían ser penalizadas con 50.000 dólares. Una propina para Walmart o Amazon, pero algo es algo. Aun así, es

probable que el partido Republicano lo boicotee en el senado.

Estamos marchando a un escenario similar al de la Segunda República española un siglo después. Por un lado las
organizaciones sindicales con su utopía y, por el otro, la derecha nacionalista refugiada en el pasado. Algún día, tal vez
dentro de unas décadas, los historiadores verán nuestro
tiempo como la culminación de un absurdo: un puñado de
familias acaparando casi toda la riqueza del mundo y defen-
dida por el resto, como los esclavos defendían a sus amos.

ESCLAVITUD MODERNA

NO ES QUE EL SAGRADO MERCADO no pueda pagar mejor a los trabajadores, sino que no conviene. Una persona en estado de necesidad (atado a deudas o a su pobreza) es un esclavo moderno, dócil, manipulable, funcional. Exactamente como los países endeudados—los endeudados pobres, no los endeudados ricos.

¿Por qué los campesinos en Colombia, responsables de la producción de casi el 80 por ciento del mercado mundial de cocaína, ganan mil dólares por año y solo un kilo de cocaína se vende a 150.000 dólares en Estados Unidos? La respuesta dogmática es una de las mayores estafas del mundo capitalista que se repite en otros rubros, desde el agropecuario, el industrial hasta el profesional: los salarios responden a "la Ley de la oferta y la demanda".

Si los salarios en cualquier cadena productiva estuviesen dictados únicamente por esta ley, los trabajos más duros en la base de la pirámide (donde la oferta laboral es menor que en niveles más altos) o los especialistas en las elites académicas o científicas serían, por lejos, los puestos mejor remunerados. La razón radica en la misma pirámide de poder, justificada por una plétora de excusas propagandísticas que emanan de la micro clase en el poder y se reproducen en sus eslabones funcionales, desde gerentes, subgerentes, expertos en relaciones públicas, comunicadores, propagandistas, políticos, mercenarios, mayordomos, jornaleros hasta mendicantes. Todo fosilizado en instituciones (gobiernos, congresos, medios de comunicación, escuelas, universidades, iglesias, clubes, ejércitos, policías) que garantizan la sacralidad de la propiedad privada como si la existencia de un palacio y una chabola fuesen la demostración de la universalidad de este derecho.

Aparte de la razón capitalista que presiona siempre por una reducción de costos abajo y la maximización de las ganancias arriba, existe una necesidad de mantener a los grupos marginales en *estado de perpetua producción a través de la necesidad,* como el endeudamiento o la misma pobreza. Este estado perpetuo de necesidad deshumaniza hasta el grado de aleccionar al esclavo para convertirse en esclavista como premio a su propio sacrificio, algo que con suerte el uno por ciento logra y luego es destacado en las tapas de revistas y en las lecciones de los padres a sus pequeños hijos—no porque todos los padres se creen esta ficción histórica, sino porque deben preparar a sus hijos para sobrevivir en un mundo deshumanizado.

Si esos trabajadores semi esclavos de Colombia tuviesen remuneraciones más altas y mejores condiciones de vida, probablemente se educarían y migrarían a otros sectores de producción y servicios—la misma ilegalidad que hace que el producto sea caro, también hace que los productores sean baratos.

Lo mismo ocurre (sólo por poner un ejemplo más) con el trabajo esclavo en diferentes regiones de Asia, África y América Latina. En muchos casos, los esclavos sin salario del siglo XIX estaban mejor alimentados y menos envenenados que los actuales trabajadores africanos, desde las minas de cobalto del Congo a las montañas de desechos electrónicos de Gana y Tanzania, o a los madereros nativos de Mozambique, con los cuales conviví en los años 90s. Sin duda, en el siglo XIX la diferencia social entre los esclavos y sus amos, aunque obscena, no era tan grande como la que existe hoy entre los productores (llamados hombres y mujeres libres) y los amos de las corporaciones transnacionales.

Como lo expuso el profesor británico Siddharth Kara en su reciente libro *Cobalt Red* (2023), actualmente cientos de miles de congoleños y decenas de miles de niños son sometidos a las peores formas de esclavitud conocidas para que extraigan cobalto con una pala o con sus manos desnudas. Por un salario de siete dólares diarios cuando tienen suerte (y de dos dólares cuando es un día normal) estos hombres, mujeres y niños desarrollan diferentes enfermedades debido a que el cobalto es toxico al solo contacto con la piel. Sin considerar que esos siete dólares apenas le permiten a una familia alimentarse de una forma insuficiente, al tiempo que el largo y doloroso trabajo les impide a sus niños ir a la escuela o tener una infancia digna.

El cobalto es esencial para las baterías recargables de teléfonos, computadoras y automóviles en todo el mundo y el 75 por ciento se extrae del Congo, país que no sólo posee uno

de los peores récords de matanzas imperialistas sino de dictaduras brutales seguidas al asesinato del gran Patrice Lu-
mumba por parte de los belgas en complicidad de la CIA,
como no podía ser de otra forma. Todo en nombre de la no-
ble defensa del capital, la propiedad privada (de los ricos) y
el progreso de los países desarrollados.

Actualmente, los primeros beneficiados de esta nueva
violación del Congo son las corporaciones como como Apple, Tesla, Samsung y los inversores chinos que se dieron
cuenta del gran negocio hace más de una década. Luego si-
guen los consumidores globales, que en su mayoría ignoran
o prefieren ignorar la existencia de esclavos modernos. Los
primeros perjudicados son los cientos de miles de congoleños esclavos y el ecosistema global, ya que para que esta actividad minera ocurra se han eliminado y se continúa
eliminando grandes áreas de bosques naturales—las clási-
cas *externalidades* que nunca entran en la ecuación de ningún
negocio exitoso.

El solo hecho de que la minería artesanal sea ilegal,
como lo es la producción de cocaína, es irrelevante. A los
efectos de este análisis, debemos volver a hacernos la misma
pregunta del comienzo: si los esclavos congoleños son esenciales en la cadena de comercialización del cobalto y son
esenciales en el funcionamiento de nuestro mundo digital,
¿por qué sus salarios están por debajo de las condiciones mínimas de sobrevivencia y sus derechos por debajo de los derechos de los esclavos de siglos pasados?

Porque la deshumanización es un negocio redondo: deshumanización de los productores y deshumanización de los consumidores. ¿Y después se asustan de que la Inteligencia Artificial llegue un día a apoderarse del mundo? ¿No es un pánico del Primer Mundo, como lo es la idea de que dejarán de ser imperios parasitarios? ¿Cuál es la diferencia para un esclavo moderno, incluso para la clase media global, entre ser dominada por los robots o continuar siendo dominadas y explotadas por las elites humanas de siempre?

Habrá que volver a la misma explicación: mantener una masa de población en estado de necesidad es esencial para mantener el poder en la cima de la pirámide. Cada tanto esta brutalidad se encuentra con algún límite legal, producto de años de activismo social, pero estos límites no son parte de la lógica que gobierna el mundo sino la razón por la cual no todos se han olvidado de que existe algo llamado dignidad humana que, no por mera casualidad, siempre tiene que luchar contra los inconmensurables poderes (económicos, políticos y mediáticos) de los de arriba—y con la complicidad, la indiferencia o la amnesia de unos cuantos de los de abajo.

EL MAYOR MITO DE LA HISTORIA

El mundo rico duerme sobre los despojos del pasado

COMENCEMOS POR UN LUGAR COMÚN que todavía no pudimos refutar: el dinero no lo puede comprar todo. Es, por este axioma, por lo cual quienes tienen mucho de eso detestan tanto todo aquello que no se puede comprar. Como la dignidad, por poner sólo un ejemplo.

Ahora dejemos de lado a los dueños del mundo y veamos qué ocurre con el resto. Quienes ven más gente por debajo que por encima y que, por alguna razón profunda, sienten una comezón en la conciencia, necesitan comprar también confort moral y se compran cien paquetes de "todo lo que tengo, lo tengo gracias al esfuerzo propio", "si no soy más exitoso es porque los holgazanes me roban a través del Estado", "si no fuera por nosotros, el país se hundiría en la miseria". Etcétera.

Es verdad que hay gente sacrificada y hay holgazanes de primera, pero esos son factores de la ecuación, no la ecuación completa. Pongamos un ejemplo obvio que es invisible o inexistente en los grandes debates mundiales. Mientras uno duerme en un país paradójicamente llamado *desarrollado* (como si el desarrollo fuese un estado terminal descrito por un pasado participio) el oro que se apila por toneladas en los grandes bancos no duerme. Trabaja, nunca para, y trabaja billones de veces más que cualquier orgulloso empresario desclasado, de esos que hasta en Cochabamba ahora se llaman *entrepreneurs*. Una buena parte de ese oro fue literalmente robado de varios países latinoamericanos y africanos, por varios siglos. Sólo en las primeras décadas de la Conquista americana, más de 180 toneladas de oro y 16.000 toneladas de plata se embarcaron de México, Perú y Bolivia hacia Europa. Los registros de impuestos de Sevilla no dejan lugar a muchas discusiones. Para no seguir con el guano, el cobre, el café, las bananas del resto del continente; los diamantes, el oro y lo más valioso de las entrañas de África. Para no seguir con las riquezas que siglos de colonialismo nórdico arrebató de diferentes continentes del sur con sangre de millones que quedaron en el camino de este negocio ultra lucrativo que definió la jerarquía del mundo. Lo único que los imperios dejaron en esos continentes fue miseria y una profunda cultura de la corrupción, asentada en el despojo legitimado y en la ausencia de justicia ante el racismo y la brutalidad, física y moral, de los poderes locales contra los de abajo, de los mestizos que, al golpear a un indio en Bolivia, en Guatemala, o a un negro en Brasil, en el Congo, se sentían (y se sienten) blancos arios.

Más allá de sus méritos propios en otras áreas, Europa y Estados Unidos no se hicieron solos. Se hicieron gracias al trillonario despojo del resto del mundo. Nada de ese "desarrollo" logrado en los siglos previos se evaporó. Ni un gramo de esas toneladas de oro y plata se evaporó. Ni la vergüenza se evaporó, porque nunca existió o sólo castigó a los mejores europeos, a los estadounidenses más valientes, que terminaron demonizados por las serviles narrativas sociales.

Cada tanto aparece alguna queja displicente de los desarrollados del mundo o de sus orgullosos bufones sobre las quejas de los pobres acerca del pasado y del presente. "Los pobres no salen de su pobreza porque no se hacen responsables de su presente". Hasta dos generaciones atrás se explicaba todo por la "inferioridad de las razas" (Theodore Roosevelt, Howard Taft, Adolf Hitler y millones de otros) y ahora se prefiere arrojar, como una bomba de racimo, bellezas como "la enfermedad de sus culturas" y "la corrupción de sus gobiernos".

Es una verdad existencial que uno debe hacerse cargo de su propia vida sin descargar en otros los fracasos propios. Uno debe jugar con las cartas que le tocaron. Pero también es una simplificación criminal cuando aplicamos esta misma lógica del individuo a los pueblos y a la historia, como si cada país se hiciera de cero cada vez que nacemos. Los individuos no heredan los pecados de sus padres, pero heredan sus ideas y todos sus bienes, aun cuando fueron logrados de forma inmoral o ilegítima.

Gracias a ese orden, el mundo tuvo como monedas globales el peso español, la libra inglesa y el dólar estadounidense. Gracias a tener una divisa global y dominante, no sólo fue posible instalar cientos de bases militares alrededor del mundo para hacer buenos negocios, sino que desde hace décadas basta con imprimir dólares sin aumentar el depósito de oro de las reservas nacionales. Si cualquier país menor imprime papel moneda, automáticamente destruye su economía con hiperinflación. Si Estados Unidos, Europa y ahora también China hacen lo mismo, simplemente crearán valor como quien recoge agua un día de lluvia, succionando ese valor de los millones de depósitos de millones de ahorros de millones de trabajadores alrededor del mundo. (Hace un tiempo, en un debate de una universidad, un economista me dijo que esta idea no tiene sentido, pero no fue capaz de articular una explicación).

Creer que sólo existe el pecado, la responsabilidad y los méritos individuales es el mayor mito (producto de la ideología protestante) de los últimos siglos que mantiene un sistema de explotación global. Cuando un pobre diablo (me incluyo) trabaja siete días a la semana, tiende a creer (quiere creer) que todo lo que ha logrado es sólo por mérito propio. De igual forma, cuando un pobre diablo trabaja siete días a la semana en un país pobre de América Latina o de África, lo vemos con condescendencia por no ser tan inteligentes y meritorios como los otros (nos-otros). Pero el oro acumulado en los bancos por siglos, las riquezas robadas con las mismas manos de sus víctimas, los privilegios arbitrarios debido a un orden que hace las cosas posibles para unos e imposibles para otros, continúa trabajando para los inocentes herederos de siglos pasados.

Como esta es una verdad enterrada, no sólo por la propaganda del poder sino por la mala conciencia de los de abajo, unos deciden perpetuar este orden de cosas comprando confort moral, justificándose con cien unidades de "yo lo merezco; quienes lo cuestionan son inadaptados, demonios que merecen la cárcel o la muerte". Entonces, se transforman en soldados dialécticos disparando argumentos llenos de bilis a quienes incomodan ese confort moral. Las municiones más baratas son: "si no estás de acuerdo con el sistema, no votes", "si no estás de acuerdo con este país, vete a otro", "si no estás de acuerdo con que existan pobres, dona tu casa a los pobres", "si no estás de acuerdo con nosotros, arruínate y vete a vivir debajo de un puente", "si crees que los inmigrantes pobres merecen ser tratados como seres humanos, lleva a dos o tres a dormir en el cuarto de tu hija" y toda esa batería mediocre pero efectiva. Efectiva, precisamente porque es mediocre; no por su calidad McDonald's es el restaurante más popular del mundo.

Otros prefieren decir lo que piensan, aunque lo que piensan no convenga a sus intereses ni a su confort moral. Por el contrario, sólo les trae más problemas.

Pero de ellos es eso que no se puede comprar con dinero.

PRIVATIZADORES CON PATENTE DE CORSO

Dos cosas hay que nuestro ego subestima o insiste en negar: una es que somos cavernícolas con teléfonos inteligentes. Nuestras predisposiciones más primitivas, y otras no tanto, condicionan nuestra conducta. Sobre todo cuando se trata de conductas sociales (como elecciones presidenciales), las cuales están cruzadas por sentimientos básicos como el miedo y el deseo. La otra es que la historia no ha cambiado tanto como la imaginamos. Juzgamos apariencias, como las diferencias entre una carreta y un automóvil sin conductor; no el fondo de la historia. Juzgamos períodos como el feudalismo, el capitalismo, la esclavitud y las democracias liberales como especies animales diferentes, cuando unas son la continuación de las otras por distintos medios. No volveré sobre algo que ya exploramos en *Moscas en la telaraña*, pero veamos otras de estas continuidades subterráneas.

El capitalismo terminó con el feudalismo político, pero no con el feudalismo económico, que es el que realmente importa. Los señores feudales vieron con recelo el creciente poder de los reyes, antecedentes de los Estados modernos, y no dudaron en responder. Descargaron su poder descentralizado limitando el poder centralizado del Estado, excepto en el monopolio de la fuerza militar y de la represión policial.

Los señores feudales se convirtieron en las poderosas corporaciones, como la East India Company y todas las compañías privadas que extendieron este poder allende los mares, convirtiéndose en una nueva y poderosa forma de imperialismo. Todo en nombre de la libertad, es decir, de *la libertad de unos pocos para mandar a unos muchos* sin las restricciones de ningún gobierno que pudiese limitar la libertad de empresa.

Los señores feudales se convirtieron en los liberales. No sólo secuestraron el poder de los capitales de las naciones imperiales, sino también banderas populares como *la libertad* y *la democracia*. Las mismas banderas que sostuvieron los esclavistas en América, es decir, las familias más ricas hasta que duró la esclavitud legal. Luego de la Guerra Civil, los esclavistas se convirtieron en las corporaciones más poderosas de Estados Unidos y continuaron luchando por *la democracia* y *la libertad*—de empresa.

Los piratas fueron variaciones de estos liberales feudales. Por siglos, fueron empresas privadas más democráticas que los mismos imperios a los que servían y más democráticas que las empresas privadas de hoy. El capitán pata de palo no podía abusar de su poder, por obvias razones, y sus decisiones requerían ciertos consensos del resto.

Veamos brevemente algo que, como la nariz, resulta invisible por su proximidad a los ojos: las palabras, esos seres con una larga y profunda memoria.

En Norteamérica, los piratas de tierra se llamaron *filibusters*, nombre que les venía de *free-booters*—con libertad de saqueo. Eran saqueadores privados, apoyados por los gobiernos más rapaces. No eran muy distintos a aquellos piratas de mar que no sólo fueron tolerados, como fue el caso de los piratas ingleses que ayudaron a pagar deudas de la monarquía británica, sino que muchas veces fueron piratas legalizados por sus gobiernos.

En castellano se los llamó *bucanereos*. Los ingleses *buccaneers* tenían más poder de coacción que cualquier gobierno colonial en los trópicos. Con el incremento de su poder, se trasformaron en los corsarios, piratas de monta que lograron que las coronas los legalizaran como empresas privadas al servicio del saqueo. Los piratas con patente de corso no solo eran empresas privadas con sus propias fuerzas de defensa, sino también pequeñas democracias con el poder y la vocación de tomar bienes ajenos, de eliminar la competencia y con una íntima relación con sus enemigos, los gobiernos centrales. Capitalistas, en una palabra.

Como en la actualidad, sus robos convirtieron a sus puertos principales en Bahamas y Jamaica en las islas más prósperas del Caribe. No por casualidad, hoy los paraísos fiscales en el mundo son excolonias británicas.

Como en la actualidad, piratas como Henry Morgan invirtieron sus capitales excedentes en diversos negocios, como las prósperas plantaciones a fuerza de mano de obra esclava.

Como en la actualidad, pero con variaciones de época, algunos lograron convertirse en parlamentarios (Francis Drake) o fueron nombrados caballeros por los reyes de la democrática Inglaterra (Henry Morgan), título, influencia y dinero que heredaría su simiente. En ocasiones, se convirtieron en veneradas estatuas de bronce.

Como en la actualidad, las corporaciones privadas tenían patentes de corso para acosar a otras empresas menores y forzar a los Estados a apoyar su lucha por la democracia y la libertad. La patente no es otra que las múltiples legalizaciones que logran extorsionando a los gobiernos, casi siempre dentro del marco de las layes que ellos mismos lograban que los representantes del pueblo votasen a su favor y para luchar contra la corrupción—ilegal.

La palabra *pirata* hunde sus raíces en el griego. Hoy es empresario o, más exactamente, el emprendedor, *entrepreneur*. La línea que dividía al *emprendedor* del *pirata*, el bueno del malo, era y continúa siendo, muy fina. Tres siglos antes del concepto de *plusvalía*, en Inglaterra significaba *"one who takes another's work without permission"*—aquel que se apropia del trabajo ajeno sin permiso.

En el Imperio británico, en el francés y en el holandés, los *corsarios* se llamaron *piratas*. Si hacían lo mismo que los piratas pero habían sido legalizados, se llamaban *privateers*. Los *privateers* surgieron en el siglo XVII, el siglo de la West, de la East India Company y otras compañías privadas que saquearon Asia, África y América con dinero de los accionistas en las capitales imperiales de Europa. *Privateer* era una persona o un grupo empresarial de carácter privado. Eran piratas legalizados, con poder de extorción. En lenguaje contemporáneo, eran *paramilitares* munidos de armas de guerra, como cañones y acorazados, protegidos por los gobiernos imperiales a cambio de una parte del botín y de colaborar con el acoso geopolítico contra otros imperios enemigos y contra sus propias colonias indefensas.

Como también lo vimos en *Moscas en la telaraña*, el imperialismo europeo de la Era Moderna comenzó con la privatización de las tierras comunes europeas y continuó con las megaempresas privadas a finales del siglo XVI, masacrando a cientos de millones de seres humanos, destruyendo y saqueando países prósperos, como India, Bangladesh y China, interrumpiendo sus propias revoluciones industriales y convirtiendo al epicentro anglosajón en ejemplo de civilización, desarrollo, libertad, democracia y derechos humanos.

Luego, por un par de siglos, el imperialismo pasó en gran parte a manos de los gobiernos, como fue el caso de Gran Bretaña, Francia, Bélgica y Estados Unidos (en este último caso, se suele olvidar que, en su primer siglo de existencia, fue imperialismo territorial, tan brutal y criminal como cualquier otro). Pero las colonias políticas de ultramar no eran económicas ni convenientes para la propaganda legitimadora, por lo que se volvió al origen de la privatización: ¿para qué hacer del Congo o de Bolivia colonias territoriales si se podía alcanzar el mismo objetivo obligándolas a privatizar sus recursos más valiosos? ¿Quiénes son los compradores de cada una de las privatizaciones forzadas (por elecciones con electores hackeados o por renovadas deudas) sino los mismos corsarios de siempre, con sus generosas y multimillonarias inversiones?

Eso que los corsarios llaman *libertad*—carajo.

NEGOCIO DE LA ATENCIÓN, ESTRATEGIA DE LA DISTRACCIÓN

EL 19 DE MARZO DE 1937, CHARLES Gustav Binderup, representante de Nebraska y miembro de la mayoría oficialista demócrata, citó en el Congreso palabras de Henrry Ford, quien las habría dicho en los pasillos de ese mismo recinto tres años antes: *"Está bien que la gente de la nación no entienda nuestro sistema bancario y monetario; si entendieran algo, habría una revolución antes de mañana por la mañana"*. Una idea similar ya habría sido formulada por el padre de la propaganda moderna, Edward Bernays: mantener a la población en desconocimiento de cómo funciona el poder es la mejor forma de administrar una democracia.

Pero el desconocimiento no es suficiente, ya que es algo que termina con un poco de educación o, al menos, con la información necesaria. Para estos casos existen otros dos instrumentos conocidos: (1) crear un estado de fe y negación ante cualquier evidencia y (2) mantener a la población ocupada y entretenida, por lo menos a una mayoría necesaria y suficiente. Este segundo punto es parte de la vida de un trabajador que es mantenido en situación de necesidad, al límite entre la subsistencia y las deudas o la pobreza. El trabajador ocupado (en la producción o no; la mayoría de los trabajos no son productivos) llega exhausto a su casa, no quiere meterse en más *pre*-ocupaciones y recurre a la natural búsqueda de la distención del entretenimiento. Las redes sociales y el mundo digital han llevado este hábito al extremo con la hiper fragmentación de la anécdota: una persona puede ver por horas micro videos de diez segundos que no conducen a nada más que a la intoxicación intelectual.

En 1910, seis de los hombres más ricos del mundo se reunieron por nueve días en secreto en la isla Jekyll en la costa de Georgia para crear un banco central que hoy se conoce como la Reserva Federal. Uno de los miembros, el presidente del National City Bank of New York (hoy Citibank) Frank A. Vanderlip explicó el misterio: "*Fui tan reservado como cualquier conspirador. Sabíamos que nadie debía descubrirnos, o de lo contrario todo el tiempo y esfuerzo invertido se habría frustrado. Si se hubiese descubierto que nuestro grupo se reunió y redactó un proyecto de ley bancario, ese proyecto no habría tenido ninguna posibilidad de ser aprobado por el Congreso*".

Un siglo después, como lo resumió el profesor Robert McChesney, mientras se cocinaba el nuevo tratado comercial, "*por cada estadounidense que estaba informado sobre el TPP, había decenas de miles que ni siquiera habían escuchado hablar del mismo pero habían participado del debate sobre si Kim Kardashian se había hecho un implante en el culo*". Así funciona la distracción. No es novedad, pero a pocos le importa.

El yo globalizado es consciente de su intrascendencia. Al mismo tiempo que su atención está reducida a la de un pez dorado (ocho segundos en promedio), necesita ser el centro de atención de los otros peces. Al menos por unos segúndos. Sabe que es posible. Al fin y al cabo, posee los mismos instrumentos de comunicación y promoción que sus admirados dioses. Sabe que no es ninguno de ellos, pero no renuncia a la emoción de serlo por ocho segundos. Solo aspira a un contacto divino, a un fugaz momento místico en que su ídolo se digna a dejarle un *like*. Es decir, la adicción tiene un componente religioso que los ingenieros de plataformas como Twitter conocen como *'positive reinforcement'*. Es decir, intentar algo mil veces hasta que se obtenga una respuesta deseada (hasta no hace mucho, no pocos adolescentes alcanzaban el límite de mil tweets por día; ahora han movido sus existencias fragmentadas a Discord o TikTok): *"El mejor 'programa de refuerzo' es lo que se denomina 'programa intermitente'"*. En un experimento de laboratorio *"una rata empuja una palanca, por lo cual recibe una recompensa, pero no de una manera predecible. Muchas veces, la rata empuja la palanca y no sale nada, pero de vez en cuando, recibe un gran premio. Así que la rata sigue presionando y presionando y presionando, aunque no logre el resultado esperado. Lo hace porque, de vez en cuando, recibe alguna satisfacción"*.

Los medios no pueden crear opinión pública de un día para el otro, pero pueden elegir el tema de debate nacional. Elegir el tema, la preocupación, el peligro es decidir hacia dónde inclinar la opinión pública. Los grandes medios son muy efectivos capturando la atención de las masas, es decir, aumentando la escala de un evento o reduciéndola hasta la inexistencia. Siempre ha sido así, desde la Edad Media y, seguramente, desde el paleolítico. La forma más efectiva de dirigir el foco de la atención popular es distraerlo, removerlo de donde no conviene que se enfoque, como por ejemplo la legitimidad del poder del señor feudal, del Papa o del reformador, del poder de los bancos o del emperador, de una etnia, de un género o de una clase social... En cualquier caso, del poder del dinero y las armas.

En Estados Unidos, luego de la Guerra Civil, bastaba con señalar el "problema de los negros" para beneficiar al partido de los blancos, primero representado por el Partido demócrata y luego por el Partido republicano. El gran debate sobre el imperialismo estadounidense, puesto sobre la mesa por intelectuales como Mark Twain, también fue resuelto con una nueva teoría que advertía a los blancos europeos y americanos de que serían reemplazados o exterminados por los peligrosos negros en los trópicos y los híbridos en las repúblicas bananeras de América Latina.

En los años 1920s, luego de la Revolución rusa, el tema arrojado como un muerto de Agatha Christie en la sala fue el socialismo, lo que desató la primera paranoia llamada "el miedo rojo" y un sentimiento antiinmigrante contra los pobres de los países europeos del Sur y del Este. Los pobres de piel oscura ni eran considerados. No funcionó con Franklin D. Roosevelt, debido a la situación catastrófica del país durante la Gran Depresión, pero se convirtió en la primera obsesión luego de que los soviéticos dejasen de servir como aliados en la Segunda Guerra y se convirtiesen en la única excusa para continuar haciendo lo mismo que las corporaciones habían hecho desde el siglo XIX en América Latina y en el Pacífico. Para el final de la Guerra Fría, el nuevo perro muerto fue "la amenaza islámica", con la excepción de América Latina: como en esa región los musulmanes son una pequeña minoría, integrada y sin poder de lobby en los gobiernos, se prefirió continuar con la narrativa de la Guerra Fría, inoculada desde el primer año por la CIA.

Apenas caído el Muro de Berlín, los dos libros más promovidos de forma mediática y dogmática fueron dos adefesios estratégicos: *El fin de la historia y el Ultimo hombre* (1992), de Francis Fukuyama (alegato a favor del neoliberalismo) y *El choque de civilizaciones y la reconstrucción del orden mundial* (1996), de Samuel Huntington (alegato en favor de las nuevas guerras en los países petroleros no alineados). Los debates electorales desde 1998 hasta 2016 fueron, básicamente, una competencia sobre qué candidato sería más macho como para arrojar una lluvia de misiles en cada país peligroso que "amenazaba nuestra seguridad nacional" y quien enviaba más soldados jóvenes a morir "para luchar por nuestra libertad". Para esas mismas elecciones, otro perro muerto conocido de los nacionalistas que se habían dedicado a intervenir en las guerras genocidas en América Central, se convirtió en el centro del debate. Otra vez, el poder no necesita ni puede crear opinión directamente; lo hace señalando cuál es el tema urgente y existencia. A una marcha de unos miles de pobres trabajadores y desplazados centroamericanos se la calificó de invasión y a sus hombres de potenciales violadores de hijas y esposas, exactamente la misma acusación que los eslavistas sureños repetían a principios y finales del siglo XIX como

justificación para mantener a los negros bajo el estado peda-
gógico de la esclavitud. Como los esclavos en el siglo XIX, los
inmigrantes en el siglo XXI son el chivo expiatorio ideal: no
votan. En el siglo XX los comunistas y en el siglo XXI los musulmanes, no son una minoría poderosa, ni electoral ni económica.

Pero, como adelantamos más arriba, no es posible crear
opinión pública del día para la noche en un mundo poblado
por críticos y rebeldes, por lo que se creó (1) un *Mercado de
la atención* (cuyo mayor y paradójico recurso ha sido siempre
la *distracción*) para acciones rápidas y (2) un *Mercado de la educación* (sobre todo invirtiendo en una historia distorsionada
de los países y de los imperios) como apoyo más sólido y a
largo plazo. Sólo en Estados Unidos, la publicidad mercantilista es uno de los mayores sectores de la economía. En 2021,
la publicidad digital consumió (o generó, dependiendo del
interesado) 300 mil millones de dólares (más de siete veces la
economía de Alaska o el 42 por ciento de todo el gasto mundial en publicidad) y se espera que para 2030 supere lo que
hoy suma toda la economía de Argentina. Es decir, la economía publicitaria (de propaganda) ha crecido desde 2001 mucho más rápido que el PIB de Estados Unidos. No todo se
invierte en vender agua embotellada e, incluso, cuando se
promocionan tantas marcas de agua no se lo hace de una
forma ideológicamente inocua. No me refiero solo a la destrucción del planeta, que eso es como un detalle.

Entre 1994 y 2003, cinco millones de personas murieron en la Guerra Mundial de África, con centro en el Congo,

Ruanda y Uganda. El resto del mundo apenas se enteró. En 2010 se anunció que el país más rico per cápita del mundo, Catar, sería la sede del campeonato mundial de fútbol 2022. Como en otros mundiales, la elección estuvo manchada por la corrupción de la FIFA. Desde 2010 hasta 2020, al menos 6750 inmigrantes pobres murieron en las obras necesarias para preparar la gran fiesta. El 7 de enero de 2015, 17 personas fueron asesinadas en París por dos fanáticos musulmanes de nacionalidad francesa. El 11 de enero, sesenta líderes del mundo desarrollado y sus satélites volaron a Francia para desfilar tomados de la mano hacia la Plaza de la Nación contra la barbarie del otro. Días antes del atentado, entre el 3 y el 7 de enero, en Nigeria, dos mil personas habían sido masacradas por las huestes de Boko Haram. Entre 2017 y 2018, decenas de miles de jóvenes murieron en Yemen bajo las bombas de Arabia Saudí, una dictadura aliada de Europa y Estados Unidos por generaciones. Las bombas que cayeron en territorio rebelde fueron construidas y vendidas por Estados Unidos.

En el mismo período, los medios estadounidenses estuvieron ocupados con la masacre en Las Vegas, la masacre en Orlando, la condena del actor Bill Crosby por abuso sexual unas décadas atrás, la confirmación del juez Brett Kavanaugh a la Suprema Corte (acusado, sin efecto, de una violación sexual en su juventud), las denuncias de Stormy Daniels y los detalles sobre el pene del residente Trump que, según la prostituta VIP, era algo raro, cortito y con una cabeza como un hongo.

En ningún caso la atención cautiva, el consumo de la novedad, produjo algún cambio o movilización popular sino exactamente lo contrario. Anestesia. Otra vez, el resto del mundo casi no se enteró de las tragedias en África y Medio Oriente y, casi por unanimidad, olvidó todos los incidentes. El objetivo es el consumo, sea de alimentos, de bienes o de noticias urgentes y morbosas. Como ocurre desde hace siglos, las etnias no europeas no sienten, no duelen, no interesan, no producen noticia. En 1899, el general Frederick Funston torturó y violó mujeres filipinas a gusto antes de explicar los hechos: *"hay quienes en nuestro país cuestionan la ética de esta guerra... No saben que en realidad los filipinos son analfabetos, semi salvajes que pelean una guerra contra el orden y la decencia anglosajona"*. En una carta enviada a su familia en New Jersey, el soldado Kingston escribió: *"matamos hombres, mujeres y niños... Me siento en la gloria cuando veo mi pistola apuntando a un negro y le disparo"*. El jueves 20 de julio, el soldado y corresponsal del *New York Evening Post* en Filipinas, H. L. Wells, lo confirmó: *"hasta ahora nadie ha cuestionado el hecho de que nuestros soldados en Filipinas les disparan a los negros por deporte... Pero el pueblo estadounidense puede estar seguro de que no ha habido más muertos filipinos de los necesarios; al menos no más de lo que los británicos consideraron necesario matar en India y en Sudán; no más de lo que los franceses mataron en Annam [Vietnam]"*. América sólo matará a 200.000 filipinos en unos pocos años. Setenta años después el general estadounidense William Childs Westmoreland, héroe de las masacres de Vietnam, afirmó que *"los asiáticos no entienden lo que es el valor de la vida. Allá la vida vale poco, eso está en la misma filosofía de Oriente, aparte de que hay muchos de ellos".*

Desde hace milenios, toda historia viral debe contar con tres elementos necesarios y suficientes: (1) *villanos*, (2) *víctimas* y (3) *héroes*. La distribución de roles depende del poder hegemónico de turno. Los otros (los humanos de otras razas allá y de otras ideas políticas acá) son la amenaza. Los enemigos. Cuando son víctimas, no duelen. Cuando son nuestras víctimas, no existen. Nuestros muertos son verdaderos porque duelen. Si no conmueve, no interesa. Si no interesa, no vende. Pero aun lo que interesa y vende tiene sus límites, sus reglas y sus condiciones. Nadie mejor que los mercenarios del mercado para estudiar y explotar estas reglas ancestrales, como McDonald ha explotado el deseo (no la necesidad) de grasa y azúcar de forma ilimitada.

Hace poco más de un siglo, para vender la Primera Guerra Mundial en Estados Unidos, el publicista George Creel creó un escuadrón de miles *"four minute men"* (cuatro-minutos-hombre), luego de haber calculado que la atención promedio de un consumidor no se sostenía por más de cuatro minutos. Desde entonces, el consumo de información a través de los nuevos medios como la radio, el cine y la televisión fueron creando, publicidad y propaganda mediante, lo que podríamos llamar (sin vincularlo a la condición médica definida con la misma terminología) individuos con déficit de atención. En 2015, un estudio en base a electroencefalogramas (EEGs) de Microsoft Corp., llegó a la conclusión de que las personas continúan perdiendo capacidad de concentración. Para ese año, el tiempo alcanzado fue de *ocho segundos*. En el año 2000 el promedio de atención sostenida en un consumidor promedio era de 12 segundos. Según calculan los científicos, el mismo poder en un pez dorado alcanza los nueve segundos, un segundo más que el promedio de los consumidores de redes sociales.

Ahora, "poder de atención" y "cautiverio" son dos cosas distintas. Distintas, pero complementarias. Una atención hiper fraccionada es más susceptible al cautiverio digital porque requiere satisfacción inmediata. Es el mundo de los videojuegos. Un jugador se vuelve adicto cuando necesita un átomo de recompensa tras otro. Un poder de atención que es capaz de sumergirse en un libro de doscientas páginas tiene un objetivo más holístico del entendimiento de un problema o de una situación. La atención hiper fragmentada es una sucesión interminable y sin destino. De hecho, los ataques de furia de los jugadores cuando pierden un juego probablemente se deba más a la interrupción del proceso de estímulo-recompensa-inmediata que a la derrota misma, ya que esta es una derrota virtual, es decir, no es nada. No otra cosa son los memes, los micro videos de TikTok o las interminables compilaciones de situaciones fragmentadas donde ni siquiera se puede ver el final o la resolución de la situación y menos tener un segundo de reflexión o digestión de lo que ocurrió en el fragmento anterior antes de ser expuesto con la nuevo micro situación que, naturalmente, tiene cero relación con la anterior.

Nada de esto es parte de una naturaleza, de las manchas solares o de la física cuántica. Los laboratorios de redes sociales como Twitter poseen ingenieros-psicólogos que dedican todo su tiempo para imaginar e instrumentar formas para mantener cautivos a sus consumidores, y que ese cautiverio sea más y más prolongado, es decir, exactamente lo opuesto a la capacidad de concentración de la víctima consumidora.

Aza Raskin, ex empleada de Mozilla y Jawbone, lo resumió de forma gráfica: *"Es como si estuvieran rociando cocaína por toda la red para que los usuarios vuelvan una y otra vez por la misma droga [...] Detrás de cada pantalla de teléfono, hay mil ingenieros trabajado con el objetivo de hacer el uso de una plataforma lo más adictivo posible".*

Según Sandy Parakilas, ex empleada de Facebook, *"las redes sociales son muy similares a una máquina tragamonedas [...] definitivamente había conciencia de que el producto creaba hábito y era adictivo".* Cuando ella misma intentó dejar de usar la plataforma, sintió que estaba luchando contra la adicción del tabaco. Naturalmente, la versión de Facebook (como en el pasado las excusas de las compañías tabacaleras que negaban o les quitaban importancia a las muertes por cáncer de pulmón) consistió en otro cliché que, como todos, tienen una parte de verdad que se usa como cortina de humo: sus productos fueron diseñados "para acercar a las personas a sus amigos, a sus familiares y a las cosas que le importan a cada uno". Leah Pearlman, una de las inventoras del botón *Like* de Facebook, años más tarde reconoció que se había enganchado a Facebook porque había comenzado a basar su sentido de autoestima en la cantidad de "me gusta" que obtenía con cada interacción.

Por su parte, Sean Parker, presidente fundador de Facebook, afirmó que las redes sociales *"cambian la relación de un individuo con la sociedad"* e interfieren con la productividad de formas extrañas. *"Solo Dios sabe lo que le está haciendo al cerebro de nuestros hijos"*, agregó en un seminario sobre el tema en Filadelfia. No por casualidad los dioses de Silicon Valley envían a sus hijos a escuelas casi sin tecnología, aparte de pizarras para escribir con tiza. El mismo Bill Gates no le permitió a sus hijo tener un teléfono celular hasta los 14 años. Tim Cook, CEO de Apple, también reconoció que impone los mismo límites a su sobrino. *"Hay algunas cosas que no permitiré. No los quiero en una red social"*.

Pero las redes sociales son una parte de una realidad mayor y anterior: la ideología de las-ganancias-sobre-todo. Los niños de abajo pertenecen a otra especie humana. Son productos. Son consumidores. Como los esclavos del siglo XIX, como los toros de lidia, no sienten dolor ni tienen sentimientos civilizados. McDonald's, por ejemplo, educa a los niños desde que dejan la teta des sus madres con la adoctrinación de "La Cajita Feliz", más demagógico que cualquier político y tan adoctrinadora como cualquier religión. Ninguna de estas adoctrinaciones se llama "abuso infantil", aunque las víctimas sean niños de cinco o diez años. Según el director de Fox Family Channel, hasta 2001 una de las subsidiarias de Freedom Channel (El Canal de la Libertad) y parte del conglomerado mediático del gigante Disney, *"cada vez más, las compañías se están dando cuenta de que si desarrollan una lealtad en los niños de hoy, ellos serán los adultos de mañana".* Un especialista en mercadeo ya había observado: *"Si usted tiene hijos, le puedo asegurar que al volver a casa les preguntará qué quieren para comer, o qué les gustaría que les comprase. Los padres no quieren comprar nada que a sus hijos no les guste. No quieren escucharlos quejándose. No es algo eficiente".* Para ese momento (1997), los niños de entre cuatro y diez años eran responsables de un mercado de 24 mil millones de dólares (43 mil millones a valor de 2022), es decir, tres veces mayor que una década antes.

En 2016 el candidato Donald Trump no ganó las elecciones presidenciales en Estados Unidos porque la prensa hubiese hablado bien de él, sino porque habló mucho de él. La mayoría de los grandes medios, desde el New York Times hasta CNN no se cansaron de publicar noticias, análisis e informes sobre el ilimitado material para la indignación que le proporcionaba el candidato más ridículo de la historia, luego de James Polk en 1844. Los temas iban al corazón de los bajos instintos, propios de las redes sociales que usaba el candidato hasta medio dormido durante altas horas de la noche: racismo, sexismo, tribalismo, xenofobia y todo tipo de temas tóxicos y negativos, elementos constituyentes de nuestros reflejos ancestrales más profundos. Su oponente, Hillary Clinton, recibió coberturas más favorables de la gran prensa tradicional e, incluso, su campaña invirtió más dinero (768 millones) que su rival (398 millones). Sin embargo, como lo demostró la firma de análisis de datos de los medios

MediaQuant, de julio de 2015 a octubre de 2016 la campaña presidencial de Donald Trump recibió 5,9 mil millones de dólares en atención gratis por parte de esta misma prensa, mientras que Clinton recibió apenas 2,8 mil millones.

LA DICTADURA DE NUESTRAS ORGULLOSAS DEMOCRACIAS

"*MILEI INSTA A MADURO a realizar elecciones libres en Venezuela*" rezan los titulares del continente. Para redondear el efecto propagandístico, les ofreció refugio a los opositores, como si sus vidas corriesen peligro, como sí era el caso de sus admiradas dictaduras liberales, como la de Pinochet, admirada por sus admirados Milton Friedman y Friedrich von Hayek quien, en Chile, 1981, lo dejó más que claro: "*Prefiero una dictadura liberal a una democracia que no respete el liberalismo*".

No voy a defender aquí la proscripción de políticos a las elecciones de ningún país, pero recordemos que la empresaria María Corina Machado, por su conocido historial golpista y entreguista, también hubiese sido proscrita de las elecciones en muchos países como en Estados Unidos. Vayamos más allá de la adoctrinación histórica y sistemática de los medios hegemónicos y del discurso cristalizado por siglos de tradición imperial (Entre los ideoléxicos secuestrados y de mayor efectividad están "libertad" y "adoctrinación" y que urge rescatar sin timideces).

Observemos que tampoco las elecciones son libres cuando las corporaciones compran políticos con miles de millones de dólares en donaciones, les escriben las leyes, llevan de vacaciones a los jueces de la Suprema Corte, dominan los medios creadores de realidades paralelas y son los primeros en contratar mercenarios tipo Team Jorge que manipulan a los electores al mejor postor—que, no por casualidad, suelen compartir la misma ideología de los grandes negocios, todo en nombre de *"freedom, freedom"* ("la libertad, carajo") y contra la "adoctrinación de niños inocentes".

La hipócrita invocación a *"nosotros somos una democracia"* ha servido desde el siglo XIX para que los imperios occidentales impongan su brutalidad genocida en las colonias a las que vampirizaban y exterminaban, con un récord de cientos de millones de muertos. Historia que continúa hoy con los niños esclavos en África y en gran parte de las naciones estratégicamente endeudadas, fanatizadas y adoctrinadas del Sur Global. El mismo argumento que usa el Estado de Israel y los cristianos sionistas para justificar las históricas violaciones a los derechos humanos de los palestinos desde hace un siglo. Les cuesta entender la confusión estratégica creada por la maquinaria propagandística imperial. Algo tan simple como el hecho de que yo pueda poner un maldito voto en mi país no me legitima para imponer mi voluntad a otros países, sean o no democracias liberales. Mucho menos a bombardearlos y masacrarlos en nombre de la democracia y la libertad.

Al menos en algo estoy de acuerdo con Vargas Llosa, quien aseguró que todas las dictaduras son malas. Claro, así, en abstracto. Pero no todas las dictaduras son iguales. No estoy de acuerdo en decir que la dictadura de Pinochet o de Castro fueron la misma cosa. Hay diferencias radicales y no se trata de "la prosperidad", porque una fue creada y financiada por *El* imperio del momento; la otra fue acosada, invadida, bloqueada, demonizada, hambreada y saboteada por décadas con bombas, armas biológicas y atentados terroristas de todo tipo—ampliaré en mi próximo libro a publicarse este año, aunque me han dicho que no alcanzaré a verlo.

Las múltiples dictaduras del Sur desde el siglo XIX fueron dictaduras coloniales y bananeras, apoyadas por los imperios del Atlántico Norte. En América Latina, todas fueron hijas de Washington y sus jefes, las transnacionales. Como ya explicamos varias veces, la Revolución cubana no sólo fue una revolución independentista contra la dictadura promafia y pro-Washington de Batista, sino también contra un historial de humillantes intervenciones, apropiaciones y privatizaciones de la isla. Como bien lo advirtió Ernesto Che Guevara, si permitían una democracia abierta iban a ser destruidos como lo fue la democracia de Árbenz en Guatemala, por lo que la solución era prevenir la manipulación de los medios por parte de los "campeones de la libertad". El fiasco de Bahía Cochinos le dio la razón, invasión y bloqueo que derivó en la asociación con la Unión Soviética.

La misma historia del golpe de Estado contra Hugo Chávez en 2002, del cual participaron empresarios como Corina Machado y fueron apoyados por la prensa nacional e internacional, como el *New York Times*, razón por la cual Chávez fue contra estos lobbies y conglomerados cleptofascistas que evangelizan todos los días en nombre de la libertad, paradoja similar a los terroristas como los Contra o los del Batallón Atlácatl que eran definidos por Reagan como "*freedom fighters*".

Como ya dijimos, las peores dictaduras racistas, genocidas e imperialistas fueron orgullosas democracias. ¿Estoy contra las democracias? Por el contrario, estoy a favor de la democratización de las democracias, en contra de ese discurso y ritual vacío creado por sus medios hegemónicos.

Hace pocos días, un carguero derrumbó el puente sobre la bahía de Baltimore matando a seis personas. A la prensa le tomó varios días decir que todos eran trabajadores que estaban reparando el puente durante la noche. Le costó más tiempo decir que eran de Guatemala, El Salvador, Honduras y México. Nunca mencionó que algunos de ellos eran indocumentados. Pero basta con que un solo indocumentado en algún lugar del país cometa un crimen para aparecer en todos los medios. Luego las masas repiten el evangelio según el capitalismo que criminaliza sus propios *Desechos Humanos* (los trabajadores), sobre todo los más pobres que ni pueden votar.

Ayer, una amiga venezolana había ido a un gimnasio y escuchó que dos hombres hacían músculos mientras miraban Fox News. Uno dijo:

—Los venezolanos que vienen están todos en la lista del FBI.

Obviamente, si ese fuese el caso, no iban a ser tan tontos de venir aquí. Excepto si, como fue por décadas el caso de la mafia cubana (Bosch, Posada Carriles, Ricardo Morales y cientos más) trabajaron para la CIA.

Otros explican que "los venezolanos vienen huyendo de la dictadura de Maduro". No dicen que Washington promovió esa inmigración cortando la década de crecimiento económico y reducción de la pobreza de Hugo Chávez con sucesivos bloqueos comerciales, restricción de créditos que hicieron explotar la inflación y se cobraron la vida de decenas de miles durante la pandemia debido a la prohibición de Washington de permitirle a Venezuela el retiro de treinta toneladas de su propio oro de los bancos de Londres.

Similar historia de la ley "Pies secos, pies descalzos" que garantizaba que los cubanos no fuesen a tramitar visas legales al consulado estadounidense en La Habana, sino que arriesgaran sus vidas en el mar emigrando de forma ilegal, porque al llegar a Florida tenían residencia automática y Miami tenía propaganda segura.

"Los socialistas tienen una doble vara", remató el presidente argentino. *"Si los dictadores son de ellos está todo bien"*. Al presidente se le cayó su propia doble vara. Podría recordar la máxima de Jesús, aquello de la paja en el ojo ajeno, pero tal vez no la recuerda. Milei no se cansa de mencionar a Moisés (a pesar de que no era un liberal, sino un dictador que distribuyó a dedo tierra ajena, jamás en régimen de propiedad privada), pero no cita a Jesús porque es demasiado comunista para su gusto.

INTELIGENCIA TYRANNOSAURUS: LA LÓGICA MIOPE DE LOS NEGOCIOS

EL 25 DE FEBRERO DE 2021 EL PRESIDENTE Joe Biden ordenó un ataque militar en la frontera de Siria con Irak (naturalmente, sobre el lado sirio, para no molestar ni a las autoridades ni a los medios del protectorado iraquí), como represalia por los ataques de una milicia proiraní desde la ciudad iraquí de Erbil. Por supuesto, esta acción no alcanzó los titulares de ningún gran medio de Occidente, todo bajo el lema decimonónico de "fuimos atacados sin razón y tuvimos que defendernos".

Vieja historia. Ahora no vamos a volver sobre el genocidio indígena en este continente, nunca llamado por su nombre. Sólo por recordar un caso reciente del 22 de agosto de 2008, durante la presidencia de Obama, luego del bombardeo de Azizabad en Afganistán los oficiales del ejército estadounidense (incluido Oliver North, convicto y perdonado por mentirle al Congreso en el escándalo Irán-Contras en los 80) informaron que todo había salido a la perfección, que la aldea los había recibido con aplausos, que se había matado a un líder talibán y que los daños colaterales habían sido mínimos. Mínimos. Ese es el sentido del valor de la vida ajena. Por entonces no se informó que habían muerto decenas de personas, entre ellos 60 niños.

En un artículo menor para los futuros historiadores, el *New York Times* del 25 de febrero recogió las palabras del gobierno de Estados Unidos sobre el nuevo bombardeo, según el cual *"esta respuesta militar ha sido proporcional y ha sido llevada a cabo en base a las correspondientes medidas diplomáticas"*. Como desde el siglo XIX, el gobierno anglosajón asume, ahora sin mencionarlo, derechos especiales de intervención en el mundo para restablecer el orden de Dios y de los buenos negocios. Como lo publicó en 1858 el *United States Democratic Review* de Nueva York, en su artículo "El destino de México", *"gente de este tipo no sabe cómo ser libre y nunca lo sabrá hasta que sea educada por la Democracia americana, por la cual el amo gobernará sobre ellos hasta que un día aprendan cómo gobernarse solos… la Providencia nos obliga a tomar posesión de ese país… No vamos a tomar México por nuestro propio interés, lo cual sería una broma imposible de creer. No, vamos a tomar México por su propio beneficio, para ayudar a los ocho millones de pobres mexicanos que sufren por el despotismo, la anarquía y la barbarie"*.

Nueve años antes, el diario *Springfield* de Chicago analizaba la ofensa de los mexicanos por haberles regalado tierras, libres de impuestos, a los ciudadanos estadounidenses en Texas, pero los habían obligado por leyes bárbaras a liberar a sus esclavos: *"Nuestros compatriotas tenían derecho a visitar México en base al sagrado derecho del comercio"*. La libertad de los amos de la tierra a la libertad del mercado y del sagrado derecho a la propiedad. Nada ha cambiado, excepto los escenarios y el paisaje tecnológico, por una cuestión simple e inevitable del milenario progreso de la humanidad.

Ahora ni el *New York Times* ni el gobierno de Biden mencionan que en los ataques milicianos de los salvajes proiraníes solo un estadounidense resultó muerto y que en esta represalia, aleccionadora y proporcionada, 17 nativos inocentes debieron morir bajo los escombros. Para la gloriosa constitución estadounidense de 1787, un negro valía tres quintos de un blanco (claro, los blancos no estaban en venta; esto era solo para el cálculo electoral en el cual los negros no votaban). En los bombardeos más recientes, la proporción se establece en 1/17. ¿Alguien sabe los nombres de las víctimas? ¿Qué hubiese ocurrido si el ejército mexicano o el chino hubiesen matado 17 estadounidenses en suelo estadounidense? Esta arrogancia racista, cubierta por incontables capas de maquillaje lingüístico, por el cansancio y la anestesia de la costumbre, continúa tan viva como durante los tiempos de la esclavitud y del colonialismo salvaje.

Nada diferente ocurrió y ocurre en Afganistán. Sí, los talibán son una desgracia. Pero antes de explicar el mal del mundo por la existencia de "los chicos malos" (esa simplificación de la simplificada mentalidad estadounidense) hay que preguntarse por qué existen los chicos malos. ¿No será que son una creación de "los chicos buenos"? ¿No será que "los buenos" son tan malos como los malos pero blancos, ricos y exitosos?

En el caso de los talibán son una creación de Londres, de Washington y de la CIA, cuando en los años 70 y 80 se propusieron derrocar al gobierno socialista del escritor Nur Muhammad Taraki. La secular República Democrática de Afganistán, presidida por una breve lista de intelectuales de izquierda, sobrevivió a duras penas de 1978 a 1992, cuando fue destruida por los talibán. Si Muhammad Taraki y otros que le sucedieron habían luchado por establecer la igualdad de los derechos de las mujeres (como en 1956 otro socialista árabe, Gamal Nasser en Egipto), los talibán irían por otro camino, como mil años en reversa.

La misma vieja historia de varios otros estados seculares de Medio Oriente. Por recordar uno de los ejemplos más traumáticos, en 1953 la CIA destruyó la democracia secular en Irán e impuso la dictadura del Shah para salvar los intereses petroleros de la Biritish Petroleoum y de las compañías estadounidenses, lo que terminó con la revolución islámica de 1979 y más millones de dólares y años de narrativa mediática para combatir el régimen de los ayatolás.

Un año después de derrocar a Mohammed Mossadegh, Washington y la CIA hicieron lo mismo en Guatemala. De hecho, el plan fue "haremos de Guatemala otra Irán". El presidente democráticamente electo, Jacobo Árbenz, debió refugiarse en la embajada de México y luego (al igual que el médico Ernesto Guevara) huir a ese país, que a partir de entonces sufriría cuarenta años de masacres a un precio total de 200.000 guatemaltecos muertos. En los años 80s en Afganistán, la CIA organizó y apoyó los rebeldes muhyadin contra el gobierno socialista. Los muhyadin se convirtieron en los Talibán y algunos formaron parte de Al Qaeda.

La Inteligencia más poderosa del mundo se ha destacado por cualquier cosa menos por inteligente. A los billones de dólares que costaron cada una de sus intervenciones secretas, siguieron aún muchos más billones de dólares para combatir los demonios creados por estos patriotas.

Ahora que Washington ha retirado sus tropas de Afganistán, varias ciudades han ido cayendo como un dominó en las manos de los talibán. Luego de veinte años y de 85 mil millones de dólares invertidos en el ejército de ese país, no son capaces de detener el avance de un grupo de fanáticos medievales. Como siempre, los señores de la Guerra en Estados Unidos creen que puede resolverlo todo a fuerza de bombas y de millones de dólares. Como siempre, se equivocan. O no se equivocan y solo se trata del negocio de la guerra que denunciara el presidente Eisenhower en 1961.

Mientras tanto, los fanáticos de este lado continúan repitiendo eso de "la lucha por la libertad y la democracia", exactamente la misma lucha y las mismas palabra usadas por los promotores anglosajones de la bendición de los esclavitud en el siglo XIX.

FONDOS BUITRES, JUECES CARROÑA

EL 13 DE SETIEMBRE DE 2023, LA REPRESENTANTE por Nueva York, Alexandra Ocasio-Cortez inquirió en el Congreso a la profesora Kathleen Clark. Según esta experta en ética, no quedan dudas: el juez Samuel Alito no debió intervenir en el caso de los fondos buitres contra Argentina por un conflicto de intereses. El escándalo de los regalos recibidos por los jueces de la Corte Suprema de Estados Unidos comienza a anestesiar la sensibilidad ética de la población por dos razones: Una, porque ya no son novedad; otra porque queda claro que la ley es igual para todos, pero no se aplica de la misma forma. Incluso, se aplica diferente para un juez de tribunales inferiores que para aquellos en las alturas. Y, como todo lo que está en las alturas del poder, los amigos suelen ser más que multimillonarios y estar dotados de superpoderes estilo Superman o el Hombre Araña.

En 2014, el tribunal acordó resolver una cuestión clave en una batalla de una década entre el fondo de cobertura del multimillonario Paul Singer y la Argentina. Singer ha sido definido por la revista *Fortune* como "uno de los inversores más listos e impiadosos de la industria de los fondos de cobertura (fondos buitres)". Un especialista en volar en búsqueda de países quebrados por el mismo juego que Singer sabe jugar muy bien.

Pero para ser listo, exitoso e impiadoso hay que tener buenos amigos en el poder. Singer es conocido de muchos jueces de varios países, entre ellos los jueces de la Corte Suprema de Estados Unidos, y no en pocas ocasiones ha solicitado a la Corte Suprema que falle a su favor en disputas comerciales de alto riesgo. De lo poco que se puede saber, ahora se sabe que en el año 2008 llevó en su jet privado al juez Alito a Alaska en el verano de 2008 a un costo de 100.000 dólares por viaje, mientras participaba en el caso de alto riesgo entre los fondos buitres de su amigo y el gobierno de Argentina.

Luego de que el gobierno de Argentina propusiera un plan de negociación del restante de su deuda en 2013, el caso finalmente llegó a la Corte Suprema en Washington, y Alito se unió a la decisión contra el país sudamericano. En 2016, el nuevo gobierno argentino llegó a un acuerdo de pago con Paul Singer (quien un par de años antes había forzado al país a un default técnico), aceptando un acuerdo más beneficioso con el pago del 75 por ciento de la deuda.

Según declaró en el Congreso la profesora Kathleen Clark, si el juez de la Corte Suprema, Samuel Alito, estuviera sirviendo en un tribunal inferior, se le habría exigido que se abstuviera de participar en los casos del multimillonario de los fondos buitres Paul Singer. Esta declaración fue realizada el 13 de setiembre en la Cámara de Representantes en una audiencia del Comité de Supervisión sobre litigios de terceros en los tribunales de la nación ante el cuestionamiento de la representante demócrata de Nueva York, Alexandria Oca-sio-Cortez.

Pero para los jueces de la Corte Suprema las reglas y leyes que aplican al resto de los jueces son sugerencias para ellos. Según la ley, el juez Alito debió excluirse de un caso que resultó en un fallo que le dio a su amigo Singer 2.400 millones de dólares de las arcas argentinas.

"No se recusó de este caso y, de hecho, usó su puesto en la Corte Suprema después de todo esto para fallar a favor de Singer... Tras la decisión, el fondo de cobertura del señor Singer recibió finalmente 2.400 millones de dólares debido a este fallo" Luego, la congresista Ocasio-Cortez señaló una imagen ampliada del millonario Paul Singer y el juez Samuel Alito pescando y concluyó: "No es un mal retorno de la in-versión para un viaje de pesca".

Cuando Ocasio-Cortez preguntó a la profesora Clark si un juez federal tendría que recusarse si estuviera en el lugar de Alito, la experta confirmó: "Sí, hay un estatuto federal que requiere la recusación tanto de los magistrados como de los jueces bajo ciertas circunstancias".

El estatuto que citó Clark requiere la recusación cuando el juez sabe que él, como individuo o fiduciario, tiene un interés financiero en el tema en controversia o en una parte del procedimiento que podría afectar de alguna forma la decisión del juez.

También el profesor Abbe Smith estuvo de acuerdo: Alito no debió tomar el caso. Para Virginia Canter, ex abo-gada de ética gubernamental, un viaje gratis en avión privado no es un aceptable para un juez de la Suprema Corte. Los jueces están obligados a declarar regalos por más de 400 dólares. La excepción sólo cubre comida, alojamiento y hasta entretenimiento, confirmó Canter.

En su defensa, el juez Alito dijo que el albergue de pesca en Alaska era "cómodo pero rústico" y servía "comida casera". La última noche, uno de los invitados se jactó de que el vino que estaban bebiendo costaba 1.000 dólares la botella, pero el juez declaró no recordar si había bebido vino esa noche. Sí recordaba no haber hablado nunca de negocios con el campeón de los fondos buitres y, casualmente, su taxi, guía turístico y anfitrión, Paul Singer.

Según críticos, quien más créditos tiene en el logro de tribunales federales poblados de jueces conservadores es el activista de los millonarios Leonard Leo. Recientemente recibió 1.600 millones de dólares para promover su loable trabajo y, aparte de ser amigo del juez Alito y del magnate Singer, también fue uno de los invitados a Alaska esos días de 2008, ahora en cuestionamiento.

Todo lo cual serían datos irrelevantes ya que, según el mismo Leonard Leo, "nadie que sea objetivo y esté bien informado de cómo funciona el poder judicial, podría creer honestamente que los jueces deciden casos para ganarse el favor de sus amigos o a cambio de un asiento de avión gratis o de un viaje de pesca.

Como sea, Paul Singer ganó el fallo contra Argentina por miles de millones de dólares en una corte conformada por amigos y solo él se embolsó 2.400 millones de dólares, gracias al fallo del tribunal superior, conformados por jueces independientes que luchan contra la corrupción—legalizándola.

El nuevo escándalo del juez Alito se suma al de su colega de la Corte Suprema, Clarence Thomas, también por recibir regalos de cientos de miles de dólares por parte de amigos millonarios. ¿Es que ya no se puede tener amigos millonarios? Uno de ellos, Leonard Leo lo apoyó en su nominación a la suprema Corte, al igual que hizo con los otros jueces, Roberts, Alito, Gorsuch, Kavanaugh y Barrett.

Kyle Herrig, director del Proyecto de Integridad del Congreso y presidente del organismo de control *Accountable.US*, dijo que "a medida que la crisis de corrupción de la Corte Suprema crece con otra aparente violación del código de ética de la Corte, no sorprende que Leonard Leo esté justo en el medio. Él es la influencia corruptora responsable de esta podredumbre".

SUPER PACS, SUPER INFLUENCERS

COMO OBSERVAMOS AL PRINCIPIO, para conocer las raíces de los fenómenos políticos y sociales en América latina y en otros continentes, debemos estudiar lo que ocurrió o está ocurriendo en Estados Unidos. Aquí veremos uno de los muchos ejemplos (aunque no referidos a diseños de agencias secretas ni a traspiraciones ideológicas de grandes compañías), un hecho judicial específico. En otras palabras, el destino del mundo en manos de un puñado de individuos con sus propias opiniones sobre la Humanidad.

Actualmente, según la Ley Federal de Campañas Electorales, las contribuciones están sujetas a ciertos límites. Por ejemplo, un ciudadano común no puede donar más de 3.300 dólares por elección. Pero, una vez limitada la generosidad de gente común, la ley muestra sus debilidades por los lobbies. Uno de los actores de peso en la administración del poder social son los *Political Action Committees* (PACs) los cuales, como las iglesias, están exentos de pagar impuestos, pese a que su accionar gira entorno al gran capital. *Exentos de pagar impuestos y exentos de revelar sus fuentes de ingresos.*

Exentos de gravámenes y libres para acosar a las instituciones. En 2010, la Corte Suprema de Estados Unidos (como en las últimas décadas, con una amplia mayoría de jueces elegidos por presidentes conservadores) falló en favor de

Citizens United, otra "organización sin fines de lucro" a favor de los derechos de las grandes corporaciones. Su fundador, masón y admirador de Ronald Reagan, Floyd Brown, lo definió de forma sintomática: *"Somos gente a la que no les importa la política; gente que desea que el gobierno los deje en paz; pero si su país los llama a luchar en el extranjero, lo hará con gusto"*. Para este fanatismo anglosajón, las brutales intervenciones en otros países no son políticas ni son sobre intereses económicos, sino puro patriotismo, Dios, la moral y el teorema de Pitágoras.

Como toda organización conservadora y funcional a una elite aristocrática, su lema incluye la palabra "restaurar" y "volver a los buenos viejos tiempos", todo en nombre del *"we the people"*: debemos *"devolver el gobierno de Estados Unidos a los ciudadanos"*, junto con la clásica narrativa que se chorrea hacia el sur desde hace un par de siglos: *"reafirmar los tradicionales valores estadounidenses de un gobierno mínimo, de la defensa de la libertad de empresa, por una familia fuerte y por la soberanía y seguridad nacional"*. En menos palabras: por la libertad irrestricta de los amos. Lo que en 1776 significaba *"we the people"*, ahora significa "nosotros los ciudadanos". Es decir, un Club VIP de propietarios con poder económico y político.

En 2009, esta poderosa organización privada inició una demanda contra la Comisión de Elecciones Federales. En la demanda y en el fallo final de la Corte Suprema, se entendió que la limitación de donaciones de un grupo cualquiera a un partido político constituía una violación a la Primera enmienda de la constitución. Cinco votos en nueve entendieron que *"si la Primera Enmienda tiene alguna fuerza, debe prohibir al Congreso cualquier multa o encarcelamiento de ciudadanos o de asociaciones de ciudadanos, simplemente por participar en discursos políticos"*. Según esta interpretación, las megacorporaciones son ciudadanos y asociaciones de ciudadanos *"participando en discursos políticos…"* Es decir, que una corporación multimillonaria o un señor multimillonario no pudiesen donar unos cientos de millones de dólares a un candidato al senado o a la presidencia iba contra la "libertad de expresión". La decisión liberó múltiples restricciones y mantuvo una sola: los ultra millonarios no pueden donar sumas obscenas a los candidatos, si no es a través de fundaciones fachadas, conocidas como "sin fines de lucro" y diferenciadas de los PAC por el superlativo "super": los Super PACs no tienen limitación de donación a grupos que promueven una determinada candidatura. Además, pasan a tener el derecho de hacerlo de forma anónima, lo que entre los académicos y analistas de todo tipo pasó a llamarse *dark money* ("dinero oscuro").

Claro, otra vez, en el país de las leyes se hace todo legal. La corrupción es cosa de latinoamericanos y de negros pobres en África. Otra prueba irrefutable de la observación que hiciera a fines del siglo XIX el escritor francés Anatole France: *"La Ley, en su magnífica ecuanimidad, prohíbe, tanto al rico como al pobre, dormir bajo los puentes, mendigar por las calles y robar pan"*. Como suele ocurrir en una democracia como la de Estados Unidos, secuestrada por las corporaciones, los verdaderos ciudadanos tenían otra opinión. A principios de 2010 una encuesta de *ABC* y *The Washington Post* reveló que el 80 por ciento de los estadounidenses se oponía a la eliminación de trabas y límites en las donaciones a los políticos propuesta por Citizens United. Obviamente, nada de eso importa ni tiene algún efecto legal. Obviamente, la ley se argumentó con un barniz de igualdad, ya que los sindicatos de obreros, que no sólo obtienen recursos de sus trabajadores afiliados sino que han sido arrinconados en su institucionalidad por décadas, tendrían el mismo derecho de apoyar candidatos con "cifras ilimitadas de dinero". El mismo derecho que las corporaciones privadas que manejan más dinero que países enteros.

Cinco votos en nueve decidieron el destino de 320 millones de estadounidenses y, por extensión cultural e ideológica, de gran parte del resto del mundo. Sobre todo, de América latina, el todavía Patio trasero de la mayor potencia económica, militar e ideológica del mundo. Desde entonces, hubo varios intentos para, si no limitar, al menos revelar la identidad de los super donantes. Uno de los más recientes, por ejemplo, fue una ley aprobada por el estado de California, la que pretendía obligar a revelar el nombre de los donantes multimillonarios a causas políticas. La demanda contra la ley fue impulsada por la fundación *Americans for Prosperity*, otra "organización sin fines de lucro" exenta de impuestos y fundada por el multimillonario Charles Koch y su hermano David Koch, y por el grupo conservador Thomas More Law Center. Naturalmente, el 0,01 por ciento de los de arriba saben cómo hacerlo. La Suprema Corte determinó que la ley violaba el derecho de los supermillonarios, establecido en el fallo de 2010.

Estas prácticas son conocidas desde el siglo XIX, pero a partir del nuevo fallo de la corte Suprema en 2010, el negocio de la política se multiplicó. Veamos, por ejemplo, un caso entre cientos de empresas dedicadas a crear opinión pública, ahora con más impunidad que antes. Berman and Company, fundada por el *lobbyist* Richard Berman, es uno de los mayores conglomerados dedicados a la creación de opinión a través de la demonización o el enchastre de los adversarios de sus clientes. Aunque es una empresa privada con ganancias de decenas de millones de dólares, posee decenas de "organizaciones sin fines de lucro" que actúan como fachada, no sólo para su acción en el mundo mediático sino para la recepción de donaciones y pagos. ¿Por qué? Porque, según las leyes que lograron aprobar estos mismos grupos de intereses especiales, las donaciones a los grupos "sin fines de lucros" se realizan en total y completo secreto. La ley protege la anonimidad de los donantes. Todo realizado como es la costumbre del extremismo capitalista en nombre de *la libertad*. Rick Berman, abogado especializado en relaciones laborales, fundó "Enterprise Freedom Action Committee (Comité de Acción por la Libertad Empresarial)" (EFAC), una organización de derecha, dedicada al *astroturf* (ver capítulo "Relaciones sociales y *astroturfing*" en *Moscas en la telaraña*)), es decir, a crear movimientos falsamente populares desde arriba para servir los intereses de los de arriba.

El 30 de octubre de 2014, el *New York Times* publicó una confesión del poderoso señor Berman, aparentemente debido a un micrófono abierto: "*La gente siempre me pregunta: ¿Cómo sé que no seré descubierto, que lo que hago tiene una intencionalidad política? Es que todo lo que hacemos lo hacemos a través de organizaciones sin fines de lucro, las que están protegidas de cualquier obligación de revelar quiénes son sus donantes. Existe un anonimato total. La gente no sabe quién nos apoya*". El mismo experimentado Berman también dejó escapar algunos consejos para manipular la opinión pública: "*Se debe usar el humor para desacreditar o marginar a nuestros adversarios*". Como sabemos que el humor ya casi no existe en las redes sociales, a lo que seguramente se refería el nuevo Bernays era a la ridiculización del adversario. "*Algunos dicen que somos helicópteros negros... En parte tienen razón. Nuestro trabajo es atacar la capacidad de operación de nuestros adversarios*", reconoció Berman.

La *libertad de presión* se llama *libertad de expresión* y no incluye el derecho a saber.

ELON MUSK Y LA DICTADURA DE LA LIBERTAD FEUDAL

DESDE FINALES DEL SIGLO PASADO, en ocasiones he repetido cinco o seis ejercicios muy simples en salones de clase de distintos países con estudiantes de distintas culturas, edades y clases sociales—con el mismo resultado.

Uno (inspirado en África) se refiere a la clasificación de figuras geométricas, donde siempre vemos las diferencias y nunca lo que tienen en común.

En otro, en Estados Unidos, les dibujo un cubo en la pizarra y, al preguntar qué ven, por unanimidad afirman que se trata de un cubo. Obviamente, no es un cubo, sino tres rombos juntos.

A la pregunta de qué colores son el cielo y el sol, las respuestas también han sido unánimes, por años. Pero la respuesta repetitiva es una pregunta: "¿Profesor, también nos va a decir que el cielo no es celeste y el sol no es amarillo?" Al fin y al cabo, así son en las banderas, en los dibujos infantiles y en cualquier otra representación que no sea arte moderno—eso que le hacía hervir la sangre a Hitler. Algo que no ha cambiado mucho hoy.

Está de más decir que no siempre el cielo es celeste y que el Sol nunca es amarillo. No sólo es blanco, sino que los colores dominantes son el azul y el violeta. En cualquier caso, los ejemplos demuestran que no podemos ver el mundo *objetivo* sin pasarlo por el lente de nuestra comprensión, el cual está teñido por los prejuicios de una sociedad, de una civilización. Un caso más biológico radica en la percepción del inexistente color amarillo en las pantallas de televisión, pero aun así es una ilusión.

La pregunta "¿por qué el Sol es amarillo?" inocula al interlocutor con un hecho falso, distrayéndolo con la búsqueda de la respuesta correcta. Lo mismo ocurre ante la pregunta "¿por qué murió el socialismo?" Aún más decisivo que en la física cuántica y relativista, en el mundo humano el observador cambia la realidad que observa. Más cuando usa un lenguaje plagado de ideoléxicos.

Hoy, un estudiante me preguntó: "¿Por qué Brasil está al borde de una dictadura?" ¿Por qué no Argentina o Ecuador? ¿Por qué el Sol es amarillo? Recordé los repetidos ataques de Elon Musk al presidente Lula de Brasil por su osadía de cuestionar los efectos medioambientales de la empresa tiracuetes del magnate.

Esta discusión escaló con la investigación y orden de un fiscal brasileño de bloquear algunas cuentas en X (Twitter), por considerarlas "milicias digitales". Como comandante en jefe de las milicias digitales, Elon Musk solicitó la renuncia del ministro del Supremo Tribunal Federal de Brasil, Alexandre de Moraes, y volvió a repetir el discurso sobre *La libertad*—carajo.

No voy a volver sobre los mercenarios que deciden elecciones desde principios de siglo y cuya avanzada en 2010 estuvo en Ucrania, según advirtieron los especialistas antes de la guerra de 2022. Sí, quiero repetir que no hay democracia con una concentración extrema de capitales y sin trasparencia de los medios, por lo cual propusimos comités internacionales de expertos para monitorear algoritmos, etc.

"Soy un absolutista de la libertad de expresión", repitió Musk. ¿La prueba? En *sus* redes, un humilde maestro de Angola tiene la misma posibilidad de publicar que él. Nada dice sobre lo más obvio: cada vez que él promociona su ideología mercantilista en X, la red más política del mundo, automáticamente es *consumida* por millones de personas. Es el mismo concepto de libertad de los esclavistas: por libertad se referían a *su* libertad, que es la que garantizaba el bienestar universal.

El mismo día, Musk publicó una gráfica donde se ve la caída de audiencia de la Radio Pública Nacional de Estados Unidos, festejando que la única cadena no comercial de Estados Unidos que sobrevive, se esté muriendo, gracias a los recortes de los sucesivos gobiernos.

NPR es la única que todavía tiene programas periodísticos con contenido y de investigación, más allá de que discrepemos con muchos de sus criterios al exponer algunos temas. En sus inicios, y luego de décadas de desarrollo, la mayoría de las estaciones de radio en Estados Unidos eran públicas o estaciones universitarias, no comerciales. A pesar de que la mayoría de la población se oponía, un lobby agresivo logró privatizarlas en los años 30 y luego creó una nueva mayoría a su favor. Clásico.

Cerremos con una reflexión sintética. El modelo ideológico y cultural de la derecha es el modelo económico en el cual *la prosperidad no es un juego de suma cero*. La prosperidad de un grupo dominante podría significar una prosperidad menor de otros grupos. La idea es razonable: en una plantación próspera del siglo XVIII o XIX los esclavos eran mejor alimentados que en otra mal administrada o menos cruel. Pero en ambos casos eran esclavos, y la libertad de expresión estaba protegida por la Constitución. Incluso la constitución de la Confederación esclavista incluía la protección de esta libertad, porque era bienvenida siempre y cuando fuese una decoración democrática y no una amenaza real al poder dominante. Cuando los escritos antiesclavistas se convirtieron en una amenaza, los esclavistas les pusieron precio a las cabezas de los escritores y cerraron sus periódicos. Lo mismo hacen los libertarios del siglo XXI. En Estados Unidos llevan prohibiendo más de 4.000 libros incómodos, porque sus ideas comenzaron a ser aceptadas por *demasiada* gente.

Diferente, en una *democracia real* no funciona ese modelo, por lo cual las dictaduras han sido los sistemas preferidos del capitalismo, excepto cuando podía controlar las democracias, como fue el caso de imperios vampirescos de Noroccidente.

Una democracia real es un juego de suma cero. Cuanto más poder tiene un grupo, ese poder es en desmedro del poder de los demás. La libertad depende del poder que un grupo o un individuo tienen en una sociedad. Desde la Era Moderna, el poder depende del dinero virtual. Cuanto más dinero, más poder. Cuanto más poder, más libertad propia y menos libertad ajena. De ahí la incomodidad de la *igual-libertad*, porque ésta exige distribución del poder (político, económico y social).

A la Era Progresista en Estados Unidos siguió una orgía privatizadora y cleptocrática de los millonarios en los 20, la que terminó con la Gran Depresión y el fascismo en Europa. Luego otra ola de izquierda socialdemócrata para salir del caos, desde el F. D. Roosevelt de la preguerra, los Estados de bienestar en la Europa de posguerra y la rebelión de los marginados y colonizados del mundo en los 50. Hasta que se logró detener los peligrosos años 60 e imponer la dictadura de "la libertad conservadora" de los años 80. La libertad del esclavista, del dueño de los medios y de los fines que vivimos hoy.

Pero, cuidado. Todo eso también tiene fecha de vencimiento. El fin de la cleptocracia de los Jeff Bezos, Elon Musk y BlackRock tiene los días contados. Si es por las buenas mejor. Si no, será por las malas, como nos enseña la historia que los profetas del poder se encargan siempre de negar.

ASTUCIAS DEL IMPERIO DEL DÓLAR

ACTUALMENTE, EL DÓLAR CONTINÚA drenando valor de las ex-colonias, definidas a sí mismas como repúblicas independientes. Por ejemplo, cuando en un país periférico como Angola o Argentina el dólar pierde demasiado valor debido a la orgía de impresiones (de tecleos) en Washington (y luego del "efecto Cantillion") los bancos centrales de esos países salen a comprar más y más dólares. Pero ¿por qué, Dios? Porque si el dólar se devalúa demasiado los empresarios criollos pierden capacidad de competir en el mercado internacional y las exportaciones se deprimen. Sobre todo en economías extractivas (como África y América Latina, donde la burguesía criolla y empresarial no necesita importar materias primas para exportar sus productos manufacturados.

Los países periféricos deben producir algo para comprar dólares y poder, de esa forma, pagar sus deudas; no pueden imprimirlos como lo hace el Rey Midas. Así que, a más demanda de los bancos centrales de la periferia, más se valoriza el dólar y más dólares emite Washington para succionar más valor de los países que lo usan o de los trabajadores que lo mantienen como ahorros de vida.

La asimetría real, una vez más, es encubierta con un discurso simétrico. A través de sus brazos financieros como el FMI y el Banco Mundial, Washington y Europa sermonean sobre la falta de "disciplina fiscal" de los países del Sur Global, de los países deudores, de los países corrompidos por siglos por el imperialismo del Norte. Naturalmente, como ha ocurrido por siglos, los colonizados adoptan la ideología y la moral del colono y repiten el mismo discurso para autoflagelarse o para mantener a las masas productivas bajo control de culpabilidad y obediencia debida.

También en Estados Unidos los políticos no se cansan de reclamar de "disciplina fiscal", cuando ésta nunca ha existido ni importa más que en el mercado electoral que tiene al *miedo* como principal *commodity*. De la misma forma que hacen con los impuestos, obligar a los países a tener disciplina fiscal es una forma de mantenerlos controlados y a disposición de los inversores internacionales. La otra forma es a través de sus deudas nacionales.

El centro pregona *disciplina fiscal para sus excolonias*, algo que los países acreedores no tienen y nunca tuvieron. ¿Es que acaso existe un país más irresponsable en sus finanzas que Estados Unidos? ¿Es que acaso los políticos estadounidenses pueden acusar a cualquier otro país de corrupción e ineficiencia de sus políticos, como lo hacen con países con economías bloqueadas y destruidas pero sin la posibilidad de acosar, saquear a otros países y mucho menos de imprimir irresponsablemente una divisa global? No, no pueden, pero la maquinaria mediática es tan poderosa que por todos lados encontramos ciudadanos decentes repitiendo estos mismos mitos sobre la *corrupción de los países subdesarrollados* como si fuesen explicaciones obvias sobre sus problemas económicos y sociales.

Sin embargo, muy probablemente esta orgía monetaria esté llegando a su fin. ¿Tomará veinte, cuarenta años? Imposible saberlo. La persistencia de una alta inflación en Noroccidente podría no solo deberse a hechos circunstanciales como la pandemia del Covid19 y la guerra en Ucrania, sino también al efecto de impresión (y de creación virtual) de dólares en un mundo que lentamente se va desprendiendo de esa divisa global.

La supremacía global del dólar es más importante que cualquier otro recurso, incluso el recurso del millonario poder militar de Estados Unidos, altamente inefectivo y corrupto (el Pentágono no es capaz de explicar la desaparición de miles de millones dólares), ya que éste depende del dólar como del dólar depende el resto de los excesos económicos en el país. Al igual que con la invasión de Irak en 2003 o de Libia en 2011, el objetivo de los años por venir será evitar que esta supremacía desaparezca. Ni siquiera su extendida arquitectura residencial en base a la madera y a un intenso y permanente mantenimiento soportaría este cambio.

Es por esta misma razón que el traspaso de hegemonía de Estados Unidos a China y a otros centros mundiales muy probablemente será violento, aún más violento que la guerra en Ucrania. Al fin y al cabo, no debemos olvidar que el conflicto internacional no sólo ha sido una obsesión anglosajona en su empresa de *someter-a-otros-que-podrían-someternos-a-nosotros-si-no-los-sometemos-a-ellos-primero*, sino también ha sido un recurso económico. En los siglos pasados fue un instrumento altamente beneficioso para las arcas de las metrópolis, pero siempre necesitó de una excusa maestra, para convencer al mundo y para convencerse a sí mismo de que lo que debían hacer era una obligación moral.

Más recientemente, y por reducir esta observación sólo al dólar, debemos recordar los dos principales momentos en que esta divisa estuvo bajo cuestionamiento y a un pelo de perder su predominio mundial desde el acuerdo Bretton Woods de 1944.

El primereo fue, como vimos, la desconvertibilidad o abandono del estándar oro en 1971, justo cuando varios países europeos estaban cuestionando esta supremacía deshaciéndose de sus dólares al convertirlo en oro. La desconvertibilidad detuvo este proceso. Aunque produjo varios problemas (como tal vez la crisis inflacionaria de los 70s) tuvo el efecto casi mágico de consolidar la divisa estadounidense como reserva de seguridad, aún que estuviese basada en solo fe en la potencia de la superpotencia.

El segundo momento ocurrió con la creación del euro en 1999. La creación de una divisa con posibilidades de competir con la supremacía del dólar fue seguida del 11 de Setiembre y de las nuevas guerras a gran escala de Washington. El derrocamiento de Saddam Hussein, justo un proponente de usar el euro en lugar de dólares y casi una década después la caída de Mohammad Gadafi, quien había propuesto la creación de una moneda común africana, salvaron al dólar, sino de una caída al menos de una pérdida de poder geopolítico.

Ahora, en 2023 los países del BRICS impulsan un tercer intento de reemplazo del dólar como divisa dictatorial. Debido al ascenso de China y de la notable decadencia interna de Estados Unidos, no es difícil imaginar un fin de la hegemonía del dólar. Sin embargo, recordemos dos factores que ya se han probado en la historia: 1) las divisas creadas para ser compartidas con diferentes economías con diferentes siclos y necesidades económicas no funcionan a la altura del dólar. El Euro debería ser suficiente prueba; pero también un grupo unido por razonables reivindicaciones geopolíticas pero distanciado económica y culturalmente como el BRICS; 2) Washington sabe que la inoculación de conflictos geopolíticos, militares, no sólo significa ganancias para sus principales corporaciones de las cuales es prisionero, sino que produce un efecto conocido: los inversores y ahorristas corren a la "divisa segura", el dólar, por una mera razón psicológica y cultural, algo que no se cambia en pocos años. La guerra de Ucrania, las tensiones en Taiwán (iniciadas por Washington, no por Pekín) son parte de un patrón conocido y muy previsible.

DÓLARES, BONOS DEL TESORO Y CLEPTOCRACIA INTERNACIONAL

LA ESTRATEGIA DEL SECUESTRO del esfuerzo ajeno y la acumulación de sus réditos no se reduce sólo a los inventos y a las nuevas tecnologías sino a casi cualquier otro aspecto de la vida social, desde (1) el económico (2) el político hasta (3) el narrativo. "Con nuestro éxito y nuestra riqueza, nosotros aportamos a la prosperidad de los países mientras los vagos de abajo nos roban con los impuestos", etc. Máscaras narrativas que, por supuesto, se cultivan en los medios masivos y germinan siempre en una buena porción de los de abajo, porción suficiente para ganar elecciones o mantener el statu quo cuando se pierde alguna.

De la manipulación política para incrementar los *beneficios* económicos nos detuvimos hace años cuando analizamos la *corrupción legal*, sobre todo en potencias hegemónicas como Estados Unidos, por la cual las corporaciones evaden impuestos en los paraísos fiscales, presionan a países pobres a través de los bancos mundiales y de sus propias inversiones volátiles ("hot money") por la cual determinan las "políticas correctas" de desregulación, desprotección de trabajadores y destrucción de la soberanía de los países a través de tratados de "libre mercado"—aparte de escribir casi a su antojo las leyes en los países centrales, imperiales o como quieran llamarlos.

A través del control político de los gobiernos, de los parlamentos y hasta del sistema judicial, el gremio del Uno Porciento controla las instituciones capitalistas e imperiales como el ejército de Estados Unidos, los bancos nacionales e internacionales como el FMI, el Banco Mundial y la Organización Mundial del Comercio establecen leyes que se aplican según el poder económico y militar de cada país. Gobiernos como el de Washington, administran la divisa global y su fuerza militar para continuar y acelerar la transmisión de riqueza de las clases trabajadoras hacia el Club del Uno.

Un ejemplo más es la *dinámica impuestos-bonos del tesoro*. En los últimos cien años, las organizaciones populares como los gremios de trabajadores han sido demonizados por los grandes medios (caso de William R. Hearst a principios del siglo XX, entre otros) hasta desmovilizarlos y casi anularlos. Este proceso, que a partir de los 80 produjo un crecimiento de la diferencia entre producción y salarios, y un distanciamiento entre el Club del Uno y el resto de la población, se aceleró con el aumento del déficit del gobierno de Estados Unidos.

Los gastos de las guerras siempre fueron a las arcas de El Uno. Para eso están. También los sacralizados "recortes de impuestos para estimular la economía". En 2017, por ejemplo, el gobierno de Donald Trump aprobó un recorte de impuestos para los ultra millonarios por billones de dólares, mientras sus votantes y los votantes del partido Demócrata

estaban distraídos en una disputa sobre racismo, el patriotismo y el peligro de los inmigrantes pobres de América Central. Este recorte para estimular la economía, como muchos
otros, no tuvo ningún efecto en la economía, pero todos los
estudios posteriores confirmaron lo más obvio: el único
efecto, aparte de crear un abismo en el déficit público, fue
que quienes menos necesitaban de una ayuda del Estado in-
crementaron sus fortunas de forma notable.

Es decir, a más capitales acumulados, más poder político y mediático de El Uno y, consecuentemente, más conflictos entre los de abajo: blancos pobres contra negros,
negros contra indios, indios contra mujeres, mujeres contra
inmigrantes, inmigrantes legales contra inmigrantes ilegales,
jóvenes contra viejos, viejos contra chinos, destra contra si-
nistra… Bueno, así es como ha funcionado desde siempre y
en casi todos los países.

Ahora ¿cómo hace un gobierno para cerrar la brecha
entre gastos e ingresos? Una solución es imprimir dinero. Los
países del Sur Global no pueden hacerlo, porque producen
hiperinflación casi inmediatamente. Washington tiene un
margen mucho mayor, porque el dinero que imprime está
distribuido por cada rincón del planeta y sus efectos inflacio-
narios también. Claro que todo tiene un límite. Así que para
no imprimir tantos cientos de miles de millones por año la
otra opción es emitir "Treasury securities", títulos, notas y
bonos del Tesoro, dependiendo del tiempo de maduración
de cada uno. Se llaman *seguros* porque se asume que el Departamento del Tesoro de Estados Unidos siempre tendrá

capacidad de pago—es decir, capacidad de imprimir cada vez que está al borde del default. Otra razón para entender los peligros que acarrea la dolarización de las economía de los países vampirizados por el BM y el FMI, otros dos instrumentos imperialistas de Washington que les exige e impone a las neocolonias una responsabilidad fiscal que Washington nunca, jamás ha practicado.

¿Quienes compran estos bonos? Los millonarios y las corporaciones ultra millonarias. No los trabajadores. ¿Alguien conoce un compañero de trabajo que ha decidido poner, por decisión propia, sus ahorros en bonos del tesoro de Estados Unidos o de sus propios países? No es algo imposible ni está prohibido por ninguna ley, pero en la práctica son rarezas. *Los trabajadores pagan impuestos.* Es decir, cuando un trabajador asalariado o el dueño de un pequeño negocio, sea una pizzería o una fábrica de baldosas paga sus impuestos, le está entregando el cien por ciento de ese dinero al Estado. Si recibe algo a cambio será de una forma muy indirecta y a través de un servicio público que no es de su propiedad. Diferente, cuando un capitalista o sus corporaciones compran notas o bonos del Tesoro, lo que están haciendo es prestarle al Estado el dinero que no han pagado en impuestos. Los bonos suelen ser de varios tipos; unos maduran en un año, otros, en quince o en treinta años. En cualquier caso, el prestamista del gobierno no sólo se asegura que su capital estará bien guardado, sino que recibirá el cien por ciento de regreso más intereses. Estos bonos en realidad son Deuda del Estado, las que, llegado el momento de honrar sus compromisos con los inversores, deberán pasarla a los trabajadores en forma de impuestos o de reducción de servicios básicos como salud y educación. Todo en nombre del sinceramiento y la responsabilidad fiscal, "como la de cualquier hogar decente".

El negocio es redondo y prácticas como estas, legalizadas por las mismas instituciones nacionales y globales, sólo incrementan el poder de los de arriba a costa del sudor de los de abajo, al tiempo que los convence de que si hoy están algo mejor que ayer (en el mejor de los casos), si hoy textean desde un teléfono de última generación mientras que sus abuelos tenían que escribir cartas a mano, todo se debe a las bondades del capitalismo y de que el Club del Uno ha sido protegido de los destructivos y fracasados críticos de siempre que quieren que los pobres y los vagos vivan del Estado sin trabajar—castigando el éxito de los ricos e impidiendo que la República X no se convierta en un país desarrollado como aquellos que saben cómo hacer las cosas, que tienen "otra cultura y otra mentalidad", como Inglaterra o Estados Unidos.

DEMOCRACIAS POLÍTICAS, DICTADURAS ECONÓMICAS

DESDE FRANCIA HASTA URUGUAY, no por casualidad, los gobiernos neoliberales han propuesto una reforma jubilatoria que agrega años a la edad de retiro (dos en Francia; hasta cinco en Uruguay). La narrativa que justifica el incremento de la edad de retiro es doble: (1) la gente vive más y, por lo tanto, debe trabajar más; (2) si no se hacen estas "necesarias y dolorosas reformas", el sistema se desfinanciará y el país perderá competitividad en el mundo, ya que otros países han aplicado estas mismas medidas, *necesarias* para la clase financiera y *dolorosas* para las clases productivas. El mismo discurso, más una tercera amenaza, se ha repetido por décadas en Estados Unidos: (3) el Social Security (invento de "el presidente comunista" Franklin D. Roosevelt durante la Gran Depresión) no es sustentable, por lo cual hay que elevar la edad de retiro y, hasta donde sea posible, privatizarlo. No importa que sea y siempre haya sido autosustentable. Los seguros sociales son eso: seguros, no inversiones de riesgo.

La privatización se puso en práctica primero en los países periféricos. La destrucción de la democracia socialista de Allende, hace cincuenta años, y la imposición de la dictadura de Pinochet tuvo la intención declarada de preservar la libertad de los capitales y utilizar a este país como laboratorio de las teorías neoliberales de Hayek y Friedman. El "Milagro chileno" se destacó por sus crisis sociales y económicas, pese al tsunami de dólares de Washington y las grandes corporaciones. El modelo de pensiones semiprivadas se llevó a Uruguay en 1996 y solo le tomó veinte años para fracasar. El maldito Estado debió salir al rescate de los perjudicados por los genios de las inversiones.

La dificultad de que un solo país, sea Francia o Uruguay puedan resistir esta aceleración del robo a las clases trabajadoras se debe a que estas políticas neoliberales tienen alcance global. Los países son rehenes de los grandes capitales que migran de un país al otro en cuestión de horas, aterrorizando a las poblaciones con la amenaza de otra crisis económica y obligando a sus gobernantes, democráticos o no, a arrodillarse ante estos señores feudales. Por otro lado, las mayores instituciones financieras del mundo, como el FMI y el Banco Mundial, son aliados de esta mafia. El BM se define como un *banco para el desarrollo*, pero su práctica indica lo contrario: está al servicio de los beneficios de los capitales, informando al minuto qué países están planeando votar una ley para proteger a sus trabajadores o para controlar la banca con regulaciones. Así, sus socios y clientes pueden proteger sus inversiones transfiriendo sus millones de un país soberano a otro más *friendly*, mejor ubicado en el ranking de "libertad de negocios", otra de esas viejas ficciones funcionales.

Desde los años 80, la productividad de los trabajadores en Estados Unidos y en el mundo ha ido en sostenido crecimiento, mientras que sus salarios se mantuvieron estacados o perdieron capacidad de compra. No es necesario ser un genio para entender a dónde fue esta diferencia entre productividad y salario. Pero quieren más.

Otra tierna explicación para legislar contra la voluntad del pueblo consiste en la clásica idea de que no son los sindicatos los que gobiernan sino los gobiernos electos. Pero sólo en Francia el 70 por ciento de la población está en contra de la reforma jubilatoria y su "gobierno elegido por el pueblo" se resiste a escuchar. Esta sordera es clásica y, a su vez, se justifica en otro ideoléxico: "el gobierno debe actuar con responsabilidad, no con demagogia". Otra vez: responsabilidad ante el capital de acoso; demagogia por ejercer la democracia, dándole al pueblo su derecho a decidir.

Todo esto se podría solucionar con un sistema de democracia más directa, algo sobre lo que desde hace décadas muchos escribimos, sobre todo a partir de las nuevas herramientas digitales. Si los franceses pudiesen decidir en referéndums regulares, en Francia no se habrían producido las masivas manifestaciones y los destrozos urbanos que llevan semanas. Pero los ciudadanos comunes no tienen otra herramienta efectiva que la rebelión, en casos violenta. Obviamente, esta idea de democracia directa es peligrosa porque es una idea a favor de una democracia real.

Como la historia lo demuestra, el capitalismo es, por naturaleza, antidemocrático. Se ha desarrollado desde la brutalidad y las matanzas en sus colonias; se ha fortalecido con la esclavitud; se ha consolidado con las múltiples dictaduras militares en Asia, África y América Latina. Incluso, últimamente, se ha sentido más que cómodo con el comunismo chino. Cuando el capitalismo convivió con las democracias liberales, no fue porque fuese un sistema democrático sino porque es un gran manipulador, hasta el extremo de convencer a medio mundo de que democracia y capitalismo son la misma cosa, ya que ambos se basan en la libertad. Lo que se le olvida aclarar es que la democracia se refiere a la libertad de los pueblos y el capitalismo la entiende como la libertad de los capitales, es decir, de la dictatorial elite que hoy no sólo posee la mayor parte de la riqueza del mundo, sino el control del sistema financiero mundial y el casi monopolio de los medios de comunicaciones dominantes.

Los franceses tienen una larga tradición de protestas sociales, pero además pueden darse el lujo de rebelarse en las calles, ya que pocos los acusarán de subdesarrollados. Los uruguayos, a pesar de su larga tradición de instituciones democráticas como la educación, la salud y los derechos individuales es mucho más tímido en sus reclamos. Su oligarquía, como todas, también tiene una larga tradición de estigmatizar los avances de la democracia real, acusando a cualquier reclamo popular de comunista (receta inoculada por la CIA en los años 50s y que sobrevive treinta años después de la Guerra Fría) al tiempo que lo hacen en nombre de la democracia y la libertad.

La (re)solución para Francia no es fácil en un contexto internacional secuestrado por los amos del capital que exigen y hasta convencen a sus esclavos que trabajen más años por la misma ración y que, además, lo hagan por voluntad propia. Para Uruguay, por su contexto y por su tamaño, es más que difícil. Pero en ambos casos, si la resistencia al dictado económico triunfa, podrían erigirse en ejemplos *peligrosos*.

Por estas razones, la única solución a largo plazo es la unión de una nueva corriente de Países No Alineados o asociados por intereses comunes (culturales y económicos) como, por ejemplo, América Latina.

Pero claro, todos sabemos que la solución centenaria del capitalismo imperial ha sido la desunión, la desmovilización y la desmoralización de las colonias y de sus propios trabajadores. Tan larga es esta inoculación ideológica que hoy, en las excolonias, los movimientos nacionalistas están en auge. Con un detalle: no son el nacionalismo anticolonialista de los 60s en África, por ejemplo, sino un reflejo cipayo y parasitario del nacionalismo imperial en sus propias colonias.

LA DEMOCRACIA LIBERAL ASESINADA POR LOS LIBERALES

EN JULIO DE 2024, EL PARTIDO REPUBLICANO de Estados Unidos puso en la fórmula presidencial como vicepresidente de Donald Trump al joven libertario J. D. Vance (las iniciales y el apellido falso se deben a su prehistoria de escritor de un *best seller* barato, promovido por corporaciones conservadores). El joven se había convertido en senador por Ohio un año antes, bendecido y promovido por el poderoso lobby israelí AIPAC y por sus amigos multimillonarios de las corporaciones tecnológicas de San Francisco.

No por casualidad, el pensador que articula la retórica y ordena las ideas de Vance es el bloguero Curtis Yarvin, uno de los impulsores del *Dark Enlightenment* (Iluminismo Oscuro), según el cual las democracias son experimentos fallidos y la idea de igualdad es perversa. Es decir, variaciones de la psicopatología de la autora admirada por la derecha del siglo XX, Ayn Rand, quien afirmaba que el egoísmo es altruismo y la solidaridad un crimen.

Este nuevo poderoso movimiento libertario, ahora de forma más explícita, pregona una dictadura de las corporaciones tecnológicas, "basadas en el mérito" y el resto de *los nadies* (los nuevos negros) deben obedecer por su propio bien y prosperidad. ¿Vieron que los libertarios del Sur siempre están hablando de *crecimiento* y nunca les crece nada?

Básicamente se trata de eso: la eliminación de la libertad política de "los iguales" de abajo y la conveniente y universal libertad de los CEOs de arriba, de los elegidos, de los exitosos, de los poderosos. Yarvin y la ola de *influencers* postcapitalistas sostienen que la democracia estadounidense debe ser destruida. Como todos vienen del sector de la tecnología, piensan con esos parámetros: es necesario apretar el botón de *reset* o cambiar el *harware* de una forma violenta, no solo el *sofware*.

Mi crítica ha sido la misma desde hace un cuarto de siglo: el problema no es la democracia, sino la farsa de democracia que se vende como *El fin de la historia*. La democracia ya ha sido destruida por los lobbies y las corporaciones que compran y venden elecciones desde hace siglos desde la East India Company, fundada en 1600, los piratas privatizadores (*privateers*) hasta Microsoft y CrowdStrike. Como decía el gran manipulador de la propaganda Edward Bernays, mantener a la población en desconocimiento de cómo funciona el poder es la mejor forma de administrar una democracia.

En un mitin con J.D. Vance, poco después de que este fuera promovido a candidato a la vicepresidencia, el senador del estado de Ohio, George Lang, dijo que, si Trump perdía las elecciones, sería "necesaria una guerra civil para salvar al país" El lado humorístico lo agregó cando afirmó que ganarían la guerra si tenían a grupos de fanáticos como "Motociclistas por Trump" de su lado. Típica brabuconada (*bravado*) de borracho listo para ser noqueado por alguien más sobrio. Una metáfora geopolítica actual y los mismos argumentos de los esclavistas del Sur en el siglo XIX ante la "idea inmoral" de liberar a los esclavos, porque era un inaceptable ataque al sagrado derecho a la "propiedad privada". Antes de ser mano de obra asalariada, los negros no descalzados eran propiedad privada.

Todo esto confirma lo que en *Moscas en la telaraña* analizamos como la continuidad de dos elementos alternos en las estructuras de poder a lo largo de distintos periodos y sistemas sociales, lo que podía resumirse tomando como ejemplo la Edad Madia: por un lado, los sistemas *centralizados* y, por el otro, los sistemas *nobiliarios*. En términos económicos, podemos verlo como *monopolios monárquicos* y *oligopolios liberales*.

Esto último se define en economía, desde Adam Smith, como "una competencia imperfecta" —ya que Smith y los liberales del Iluminismo creían (o al menos profesaban) la idea de que la *igualdad* era algo bueno, algo muy anti feudal. Idea que ahora comienza a ser abandonada por los libertarios del norte próspero, rico, poderoso y decadente que deslumbra a los colonizados del Sur, desde adolescentes votantes hasta presidentes que no superaron los traumas de la adolescencia.

La "competencia imperfecta" es la observación desde una visión utópica del liberalismo y de liberales como Adam Smith: la aceptación de la *igualdad* básica como virtud social y de la *competencia* que premia a los individuos por sus méritos, pero sin destruir esa igualdad inicial, sin privilegios, como ser nacer en un hogar rico o en un país imperial. *Dogmas cristalizados por la ingenuidad del siglo XVIII.*

Estas contradicciones nunca fueron resueltas por el liberalismo sino todo lo contrario: fueron progresivamente agravadas (debido a la naturaleza acumulativa de poder del capitalismo) lo que lleva, irónicamente, a su opuesto ideal: al autoritarismo, sea a un neo feudalismo corporativo o a su opuesto dialéctico, una neo monarquía americana.

Por este *Modelo de progresión inversa* analizado antes, el surgimiento y maduración de uno de los sistemas conduce a su propia caída y reemplazo por el opuesto a través de continuidades de poderes y privilegios. Por ejemplo, el feudalismo se continuó con el liberalismo (los poderosos señores feudales se convirtieron en señores capitalistas) y continuaron su tradición de exigir "libertad de acción" de sus comarcas amenazadas por el poder absoluto del rey en Europa o del gobierno Federal en Estados Unidos. En la Era Moderna, le exigieron al poder centralizado ("autoritario") que no limitase su poder de acción económica ("libertad—de empresa"), al tiempo que le exigían a esos mismos gobiernos centrales la protección del poder represivo y colonial de sus ejércitos. De ahí el amor de los liberales posmodernos por la fuerza represiva de la fuerza militar de los gobiernos que prefieren llamar "protección de un individuo ante la agresión de otro(s) individuo(s)".

Este sistema se llamó "democracias liberales". Como en la antigua Atenas, los demócratas tenían esclavos y colonias dominadas por dictaduras y se presentaban a sí mismos (ante los esclavos y sus colonizados) como modelos de progreso, prosperidad y libertad. De hecho, como ya vimos antes, los esclavistas se justificaban en la prensa y en los congresos "democráticos" como los campeones del orden y la libertad. La libertad de la raza libre…

El extremo utópico de los filósofos iluministas por la *igualdad* es lo que imaginamos como *democracia*, algo que nunca se desarrolló completamente pero que encontró en la Era Moderna algunos ejemplos, como el de las democracias liberales con representantes en los congresos. Esto fue siempre limitado por el poder liberal, concentrado en la acumulación del capital del sistema capitalista.

Las ideas por las dictaduras corporativas de James Vance y de Curtis Yarvin, como las del Tea Party libertario, llegarán a las colonias. Para entonces no estará Milei en Argentina ni en otros países de América latina y los libertarios se trasformarán en partidarios abiertos de una dictadura de las (exitosas) corporaciones. Es decir, apoyarán ideas conocidas por la historia de aquellas comarcas, más que en Estados Unidos. Revindicarán nuevas dictaduras colonialistas que solucionen los problemas de las fallidas democracias.

La duda radica en si este proceso repetitivo no se degastará a sí mismo. Sospecho que una ola inversa terminará por removerlos del poder y del discurso popular. Sospecho, deseo, que una nueva ola popular en los 30s o en los 40s termine con la dictadura de señores feudales y vasallos funcionales.

¿LA ÚNICA FORMA DE ELIMINAR LA POBREZA?

SEGÚN EL PRESIDENTE ARGENTINO Javier Milei, *"la única forma que descubrió la humanidad de terminar con la pobreza es el crecimiento económico"*. La máxima fue anunciada en una entrevista televisada desde la Casa Rosada el 11 de julio de 2024. La importancia de la idea no radica en su genialidad, sino en su simplismo y en sus trágicas consecuencias.

Se trata de un conocido dogma inoculado por el sistema capitalista y fosilizado por los verdaderos capitalistas, es decir, por aquellos que viven de sus capitales y no de un salario (Un capitalista asalariado es un oxímoron.) Un conocido absurdo similar, reza: *"no puede haber redistribución sin crecimiento"*. En 2012, el biólogo e historiador británico David Attenborough reflexionó: *"alguien que piense que es posible sostener un crecimiento infinito en un medio finito o es un loco o es un economista"*. O las dos cosas.

El crecimiento de la economía ni es la única forma de eliminar la pobreza ni su efecto contrario es infrecuente. La historia modera (los últimos 300 años) lo desmiente a cada paso. Como vimos en *Moscas en la telaraña*, por siglos, muchas sociedades indígenas tenían menos pobres, eran más altos por su mejor alimentación y vivían más que los europeos de la Revolución industrial. Su seguridad social estaba mejor organizada. No conocían la miseria, ni las deudas, ni la propiedad privada ni la codicia, motor del progreso, según palabras de los colonos expertos en desarrollo, con o sin dinero, como lo reportó en 1885 el senador Henry Dawes de Massachusetts (ver *La frontera salvaje. 200 años de fanatismo*); tenían menos guerras, sufrían menos enfermedades y eran más higiénicos. Las películas (como *The Mission*, una recomendable) que representan a los indios sin dientes y a los europeos con una sonrisa blanca no solo consolidan una idea falsa, sino que la realidad era la opuesta. Todo terminó con la llegada del fanatismo europeo a este continente y a otros.

En las colonias (en menor grado en los imperios, ya que es más difícil tener pobres vampirizando el resto del mundo) cuando creció la economía creció también la pobreza. Los llamados "milagros económicos" como el brasileño de Médici o el chileno de Pinochet, milagros del capitalismo tutelado y financiado por el gobierno de Estados Unidos en América latina lo confirman.

Esta obsesión por el PIB de la economía capitalista surgió en los años 30 durante la Gran Depresión y, desde entonces, suma tanto la producción de bienes necesarios, innecesarios, constructivos, destructivos y contaminantes en un mismo número. En 1937, su inventor, el economista y luego premio Nobel Simon Kuznets, llegó a advertir ante el Congreso del peligro de un uso simplificado de su invento, pero los acuerdos de Bretton Woods lo canonizaron en 1944 como la única medida de éxito económico y social. En 1962, Kuznets insistió: "*Es necesario distinguir entre la cantidad y la calidad del crecimiento... Las metas para un mayor crecimiento deben especificar de qué y para qué necesitamos más crecimiento".* Jason Hickel observó que *"desde 1980, el PIB mundial se ha triplicado, mientras los pobres sobreviviendo con menos de cinco dólares diarios ha crecido en 1,1 mil millones; esto se debe a que, a partir de cierto punto, el crecimiento comienza a producir más efectos negativos que positivos".*

Todavía quedan por discutir otras dimensiones de los seres humanos, como la justicia social, la que no es sólo una bandera de la izquierda, sino que fue la repetida crítica (*profecía*) en el caso de los profetas bíblicos y de otras religiones; queda por discutir o considerar la comercialización de la existencia, la deshumanización y alienación del individuo, la destrucción de la naturaleza, entre otros problemas centrales.

El actual sistema capitalista no es capaz de resolver ninguno de los problemas existenciales que ha creado, como la acumulación surrealista de la riqueza, la destrucción de la biosfera, el agravamiento de los conflictos de forma directa por su insaciable industria de la guerra e, indirectamente, a través de exiliados y marginados de todo tipo, económicos y ecológicos.

Ahora, hasta los más férreos defensores del sistema capitalista en Europa y Estados Unidos comienzan a publicar libros, artículos y a dar entrevistas en los grandes medios proponiendo *"salvar al capitalismo de sí mismo"* a través de la intervención agresiva de los gobiernos en la economía y en la redistribución de la riqueza. Es decir, una vez más, desde la Depresión de los años 30s hasta las brutales crisis neoliberales en el Sur Global a finales de los 90s y la Gran Recesión en

Estados Unidos diez años después, se recurre al socialismo como bombero.

Por no problematizar otras dimensiones humanas. Un estudio publicado en la British Medical Association en 2006 reveló un consistente aumento de los problemas psicológicos en los niños y jóvenes ingleses. Todo pese al incremento del PIB nacional, a la relativa estabilidad de la inflación y de la economía británica de entonces.

Crecimiento económico no es desarrollo, como la obesidad no es un signo de salud. Ambos, crecimiento y desarrollo son producto del progreso acumulado de la humanidad a lo largo de siglos, algo que no ocurrió gracias al capitalismo sino pese al capitalismo y sus primeros beneficiados: los maníaticos con síndrome de Diógenes bancario.

Como ya hemos desarrollado por años, los inventos tecnológicos, científicos y sociales más importantes que contribuyeron a este progreso y desarrollo humano se produjeron antes de que el sistema capitalista se desarrollara con la privatización de las tierras comunales de Inglaterra en el siglo XVI y, cuando ocurrieron a posteriori, casi siempre fueron autoría de científicos asalariados, inventores de talleres, activistas sociales, entre otros grupos e individuos que no invertían años en investigación y creación motivados por las ganancias futuras sino por el objetivo mismo de su vocación.

De hecho, los mayores "milagros económicos" de la historia moderna se produjeron por dos únicas vías: (1) el imperialismo capitalista (saqueando, masacrando cientos de millones de subhumanos, y destruyendo la competencia de otras potencias de ultramar) y (2) por la intervención de los gobiernos, desde la Unión Soviética del malo de Stalin hasta la China comunista posterior a la Gran hambruna (que, con sus millones de muertos y medida por los mismos estándares, ni siquiera compite con las mayores masacres y hambrunas del capitalismo).

¿Estoy proponiendo una vuelta a un sistema comunista del estilo soviético? No, para nada. Vuelta a nada. El pasado es una obsesión del fascismo. Entiendo que no debemos dejarnos pasar por encima del sermón del dogma capitalista y neoliberal que ha hambreado, matado y saqueado a las clases trabajadoras por siglos y siempre encuentra una forma de mantener el sermón del amo, aterrorizando a los desprevenidos y a los más necesitados.

El actual terremoto ideológico y geopolítico lleva al poder hegemónico a echar mano a todos los recursos procediendo, según lo explicamos con la fórmula $P = d.t$ por sus tres escalones principales: (1) narrativo, (2) legal y (3) bélico.

¿Hay esperanza? Claro. Afortunadamente, los seres humanos no son seres unidimensionales como Milei.

LA DICTADURA DEL LUMPENADO. LA UNIVERSIDAD NO ES UN SUPER-MERCADO

EN 2024, GRAN PARTE DE AMÉRICA LATINA se encontraba en un escenario sociopolítico (no económico y menos militar) similar al que describimos sobre Estados Unidos en 2004. Nada extraño, si consideramos (1) su condición de neocolonia, asegurada por (2) su tradicional clase oligárquica, por (3) sus no menos tradicionales medios, con sus periodistas y sus intelectuales orgánicos; y (4) por el fanatismo de una parte significativa de su juventud, brutalizada por los medios fragmentadores de las redes sociales, todas plataformas en manos de los multibillonarios del Norte.

En Argentina y en otros países del Sur, las universidades públicas (y su autonomía) están bajo ataque, como otros servicios públicos, objeto de deseo del privatizador. El presidente Milei publicó que *"La educación pública ha hecho muchísimo daño lavando el cerebro de la gente"* y su vicepresidenta lo confirmó con una pregunta adulatoria: *"¿Coincidís con las palabras del presidente Milei sobre el adoctrinamiento que se hace desde la educación pública?"* Con complejo de hacendado citadino, el *youtuber*, ex peronista y diputado liberto Ramiro Marra llama *vagos* a los trabajadores que protestan en las calles, el mismo que meses antes recomendó vivir de los padres, porque nuestra existencia se debe a que ellos "estaban aburridos" y deben pagarlo con "financiamiento gratis". La diputada Lilian Lemoine, luego de dedicarse al photoshop y a los videos pornos donde un hombre la obliga con una pistola a chuparse un control de videojuegos ("*Siento el sabor de Mario en mi boca*") poco después le da lecciones sobre pedagogía a quienes llevan años enseñando, al tiempo que cuestiona si se les debe pagar a los docentes por "no hacer su trabajo". Es la dictadura del lumpenado.

Ahora, envalentonados por la nueva inquisición, algunos jóvenes y adultos que no tuvieron suerte en el sistema académico han salido a acusar a la educación media y superior de *adoctrinación*, exigiendo un "equilibrio ideológico", ese mismo equilibrio que no les exigen a las corporaciones que monopolizan el poder financiero, político, mediático y hasta teológico.

Desde hace generaciones, las estadísticas muestran que en Estados Unidos (como en casi todo el mundo), los profesores tienen ideas más de izquierda que el resto de la sociedad. Basta con mirar un mapa electoral para ver que esas *islas de izquierdistas* coinciden con los campus universitarios, rodeadas de *mares de derechistas*—cuando no neofascistas y miembros del KKK, como me tocó en Pensilvania.

Esta excepcionalidad siempre crispó el ánimo de los conservadores en el poder, quienes, derrotados por siglos en el mundo de las ideas, han reclamado siempre legislar para eliminar la libertad de cátedra. En 2004 escribíamos sobre las pretensiones de algunos legisladores de "equilibrar el currículum" de las universidades obligando a los profesores a enseñar la Teoría Creacionista junto con la Teoría de la Evolución. El poder hegemónico promueve la *libertad de mercado* porque nadie puede competir libremente con su poder financiero, pero como han sido desde siempre un fracaso académico e intelectual, se sienten mal con la *libertad de cátedra*. No aceptan la regulación del mercado, pero exigen la regulación de cátedra—y de la cultura en general. El argumento es que los profesores adoctrinan a la juventud, a una minoría de la juventud que ya tiene edad para beber alcohol, mirar pornografía y ser enviada a la guerra a matar y morir. Nada se dice de la adoctrinación de niños en edad preescolar enviados a los templos religiosos y a los templos mediáticos para una verdadera adoctrinación.

Los libertos ganan elecciones gritando *libertad* y gobiernan *prohibiendo*. En el siglo XIX, los esclavistas reconocían el derecho a la libertad de expresión, hasta que algunos comenzaron a escribir contra la esclavitud. A partir de entonces, comenzaron a prohibir libros, luego autores y, más tarde, los metieron en las cárceles de la democracia. Lo mismo comenzamos a vivir en Florida, Texas y otros estados hace unos años bajo gobiernos libertarios. Muy orgullosos de la libertad de expresión, hasta que los autores y las ideas inconvenientes comenzaron a ganar terreno en la población. Entonces las llaman *adoctrinamiento*.

Esta obscena asociación Jesús-Mamón y la doctrina de "los profesores adoctrinan a los estudiantes" se ha revitalizado en las colonias estratégicamente endeudadas. La comercialización de la vida concluye que un pensador es bueno si aumenta el ingreso monetario del lector. Si no, son *empobrecedores*. *Pobreza* y *riqueza* sólo se refieren a su valor de cambio. Este fanatismo y su necesaria infantilización de la sociedad están llegando a las universidades, uno de los últimos reductos donde el poder mercantilista no tenía el monopolio. Todo en nombre de la *diversidad* ideológica y del derecho de los estudiantes a afirmar que la Tierra es plana.

Cada vez más se confunde una universidad con un supermercado, donde el poder terraplanista del lumpenado no entra para ser desafiado en sus convicciones, sino para comprar lo que quiere y exigir satisfacción por su dinero. Así han convertido a los ciudadanos en consumidores y a los estudiantes en clientes. De ahí la necesidad de privatizar la educación para convertirla en *reductos de libertad—del poder para adoctrinar más esclavos*. Esta es una tradición que se remonta hasta Sócrates, quien fue ejecutado por la democracia ateniense acusado ser ateo, antidemocrático, y de lavar el cerebro de los jóvenes enseñándoles a cuestionar las verdades establecidas.

Por su parte, la izquierda, que siempre fue combativa desde sus pocas trincheras disponibles, se ha vuelto políticamente correcta, insoportablemente tímida, virginal, invirtiendo *toda* su sensibilidad en la micropolítica de las identidades. Mientras, los más viscerales fanáticos de derecha (recursos del incontestable poder financiero del Norte) continúan ganando elecciones. Los pueblos han sido desmovilizados y convertidos en consumidores. Han sido fragmentados para que consuman más. Las familias extendidas sólo compraban un televisor, no tres o cuatro (y hablan entre ellos), por lo que la fragmentación y la alienación de las relaciones sociales fue un recurso conveniente del capitalismo consumista. Divide, gobernarás y ellos consumirán más.

El orgullo de la elocuencia vacía acaparó los medios, luego la política, y ahora van por las universidades. Tienen muchas posibilidades de destruirlas, como los godos y vándalos destruyeron civilizaciones mucho más avanzadas. Lo peor que podemos hacer, como académicos, como activistas o como políticos es responderles con timidez; *confundir la lucha de clases de la izquierda con el odio de clases de la derecha*.

Desde hace siglos, los conservadores (hoy libertos) se quejan de que no están bien representados en las universidades. Se insultan y no lo ven. La solución es simple: pónganse a estudiar, carajo. Pero no; están demasiado ocupados pensando cómo van a hacer mucho dinero para convertirse en jefes y luego quejarse de que las universidades están infiltradas y no los representan. Claro que si alguien ama el dinero no va a ser tan tonto como para dedicar una vida a estudiar y hacer investigaciones por las cuales recibirá poco o ningún dinero. Es más fácil convertirse en un *entrepreneur* y expropiar los pocos éxitos de esos largos años de investigación gratuita, llena de fracasos, realizadas por "fracasados con el cerebro lavado".

LA AYUDA PARA EL (SUB)DESARROLLO

EMPECEMOS POR ALGO QUE, A ESTA ALTURA, ya debe estar más que claro, aunque apenas una década atrás era calificado de delirium tremens, como todo lo que se sale un poco del ilusionismo colectivo. Las corporaciones actuales funcionan como feudos medievales por los cuales los señores dueños de vidas y tierras se reparten los reinos cuyas coronas, sus gobiernos, poco pueden hacer para limitar su poder. Por el contrario, y sobre todo a partir del nacimiento del capitalismo con el *enclosure* (cercado) en la Inglaterra del siglo XVI, estas coronas fueron y son funcionales a los nuevos señores feudales, los liberales.

En Estados Unidos, las corporaciones están en los comités de redacción de leyes, son importantes donantes de los candidatos de los dos partidos en perpetua disputa por la distracción popular, gracias a las leyes y a las decisiones judiciales que, por ejemplo, en 2010 eliminaron el tope máximo de donación permitido a las corporaciones bajo el argumento de que atentaba contra la libertad de expresión (*Citizens United v. Federal Election Commission*). Prácticamente todo el sistema político y cultural, desde los centros del poder hegemónico anglosajón hasta las neocolonias del Sur Global, desde legisladores, presidentes, jueces y, consecuentemente medios de comunicación, todos están a favor o bajo presión de las principales corporaciones a las que sus esclavos intelectuales, servilmente, atribuyen cualquier forma de progreso y bienestar social.

Pero este poder no se limita a las fronteras nacionales de aquellos países en los cuales tienen residencia declarada y personería jurídica reconocida. Su poder se extiende de diferentes formas al resto del mundo, tanto financieras como legales. Años atrás detallamos casos de extraterritorialidad judicial, como el que en 2018 afectó a la ejecutiva de la empresa china de telecomunicaciones Huawei. El primero de diciembre de 2018, en tránsito hacia México, Meng Wanzhou fue detenida en Vancouver, Canadá, por la guardia canadiense y con la asistencia de agentes estadounidenses bajo la acusación de haber hecho negocios con Irán, en violación con las leyes… de Estados Unidos ("El verdadero fraude financiero"). Luego fue acusada de fraude y sobreseída en 2022, año en que pudo regresar a su país. No es mi intención hacer una defensa de la señora Wanzhou y mucho menos de la compañía Huawei, sino de ilustrar cómo funciona el imperialismo—en este caso, judicial y financiero. Debería estar de más aclarar esto, pero con los años he aprendido que nunca se debe subestimar el poder masivo de rémoras y escuderos.

Gracias a las leyes aprobadas bajo extorciones en los gobiernos, nacionales y extranjeros, las corporaciones privadas (algunas con dos veces más capital que todo el PIB de países como Francia o Brasil) poseen inmunidad y hasta soberanía, mucho más soberanía que los mismos Estados soberanos, ya que pueden demandar a gobiernos pero no ser demandadas por éstos. Gracias a su poder financiero, los países atrapados en la convenientemente diseñada telaraña de deudas y en la necesidad de desarrollo eternamente interrumpido por las superpotencias noroccidentales hacen hasta lo imposible por atraer sus inversiones y luego por mantenerlos contentos para que no se vayan. Son esas mismas megacorporaciones las que escriben la letra chica de los TLC ("Tratados de Libre Comercio") que les asegura *su* libertad expoliar recursos naturales y recursos humanos, para restringir derechos y expandir obligaciones ajenas, para usar y tirar trabajadores libremente, los cuales, una vez descartados, no tendrán ninguna libertad de cruzar fronteras como lo hacen los gerentes, los miembros de los poderosos directorios (*board of trustees*) y sus inversiones carroñeras que luego venderán a los gobiernos y a los políticos cipayos como inversiones para el desarrollo o, peor aún, como préstamos salvadores.

Estos Tratados de Libre Comercio, que estas corporaciones logran que los gobiernos firmen sin conocimiento popular (y cuyas negociaciones sólo se conocen cuando ocurre una filtración, como la de WikiLeaks en 2013), suelen establecer la libertad casi absoluta de los capitales de invasión. Su poder de extorción es máximo: cuando se les antoja, entran en un país y, cuando algo no les gusta, como algún derecho ganado por los trabajadores, se van sin avisar, descalabrando la economía de países grandes y chicos. Otra vez, el secuestro de las palabras, como aquí "libertad de comercio" es tal que logran imponer una realidad contraria a la obsecuente prédica: "libertad para imponer el poder incontestable de sus capitales; libertad para imponer y manipular gobiernos; libertad para silenciar y desacreditar a cualquier crítico; libertad para inocular su ideología parasitaria en el fanatismo servil de los esclavos voluntarios, cuya mayor libertad se limita a poseer la palabra *libertad*, una combinación de cinco fonemas vacíos por repetición.

Cualquier forma de regulación que limite esta "libertad de inversión" para asegurar condiciones de estabilidad para los países cautivos, es saboteada como una amenaza contra "la libertad" y el "libre mercado", propia de los fracasados países comunistas, etc. El mismo Banco Mundial, cuyo declarado propósito es ser un *"banco de desarrollo"* para *"apoyar con préstamos a los países subdesarrollados"*, no sólo no tiene expertos en desarrollo en su cúpula, sino que trabaja para los especuladores financieros, demostrando que, en la práctica, su verdadero objetivo son los negocios de las corporaciones y la protección de los grandes capitales. Con regularidad, el Banco Mundial publica rankings de países según su docilidad ante los inversionistas trasnacionales —uno de los tantos rankings mundiales dictados por el norte según sus intereses y de los que el Sur Global debe liberarse. Su publicación principal, *Doing Business*, alerta en tiempo real a los especuladores cada vez que un país se aparta un centímetro del dogma *corpofeudal*: en América del Sur el congreso del país X ha aprobado un proyecto de ley reconociendo un derecho laboral; en África, el país Y enfrenta manifestaciones populares contra el dictador amigo N; en Asia, una encuesta sugiere que el

60 por ciento de la población de Z está a favor de la regulación bancaria; etc. Whisky en una mano y el mouse en la otra, los inversores mueven sus capitales de un país a otro generando el "pánico de los mercados" en los países X, Y y Z y sus políticos criollos explican la crisis por "la falta de libertad de los mercados" y, como suele decir el escritor Mario Vargas Llosa, por "no estar en el camino correcto" y "por no votar bien" a favor de la libertad, del desarrollo y de la prosperidad capitalista que, si por algo se ha destacado a lo largo de cuatro siglos es en promover la riqueza (desarrollo) de las potencias colonialistas y la muerte y la miseria (subdesarrollo) en los países colonizados.

WASHINGTON, HABLEMOS DE REPARACIONES

EL PRESIDENTE JOE BIDEN HA ANUNCIADO su intención de excluir a Cuba y Venezuela de la Cumbre de las Américas programada para el 22 de junio. El subsecretario de Estado, Brian Nichols, explicó que no se puede invitar a países no democráticos.

Decidir qué países pueden asistir a una cumbre regional no es considerado autoritario por un país que es el responsable histórico de miles de intervenciones militares sólo en la región, de varias decenas de dictaduras, golpes de Estado, destrucción de democracias y matanzas de todo tipo y color desde el siglo XIX hasta ayer, bajo el ejercicio autoritario de imponer a los demás países sus propias leyes y violar todos los acuerdos con las razas inferiores que dejaron de beneficiarlo.

Washington y las Corporaciones a las que sirve no sólo han sido los promotores de las sangrientas dictaduras capitalistas en la región desde el siglo XIX, sino también los principales promotores del tan mentado comunismo y de la realidad social, política y económica actual de Cuba y Venezuela. Ahora que el gobernador Florida ha firmado una ley para enseñar sobre los males del comunismo en las escuelas, sería estimulante que los maestros no se limitaran al menú de McDonald's.

Todos esos crímenes y robos a punta de cañón han quedado impunes sin excepción. En 2010, el gobierno de Obama pidió perdón por los experimentos con sífilis en Guatemala, pero nada más que una lágrima. La impunidad, madre de todas las corrupciones, ha sido reforzada por una especie de Síndrome de Hiroshima, por el cual todos los años los japoneses le piden perdón a Washington por las bombas atómicas que le arrojaron sobre ciudades llenas de inocentes.

Gran parte de América latina ha sufrido y sufre el Síndrome de Hiroshima por el cual no sólo no se exigen reparaciones por doscientos años de crímenes de lesa humanidad, sino que la víctima se siente culpable de una corrupción cultural inoculada por esta misma brutalidad. Hace unos días una señora recibía a su hermano en el aeropuerto de Miami envuelta en una bandera estadounidense mientras le gritaba en castellano: "*¡Bienvenido a la tierra de la libertad!*". Es la moral del esclavo, por el cual, durante siglos, los oprimidos se esforzaron en ser "buenos negros", "buenos indios", "buenos hispanos", "buenas mujeres", "buenos pobres". Es decir, obedientes explotados.

Todo esto se enmarca dentro de los intereses económicos de un imperio ("Dios puso nuestros recursos en otros países") pero el factor racial fue fundamental en el fanatismo del amo blanco y del esclavo negro, del empresario rico y del trabajador pobre. Actualmente, los movimientos contra el racismo en Estados Unidos han cedido a un divorcio conveniente por el cual el pensamiento y la sensibilidad global, macro política, se anula para dejar lugar a la micropolítica de las reivindicaciones atomizadas. Una de ellas, la heroica y justificada lucha contra el racismo pierde perspectiva cuando se olvida que el imperialismo no sólo es un ejercicio racista, sino que históricamente fue alimentado por esta calamidad moral.

Antes de la aparición de la excusa de "la lucha contra el comunismo" la justificación abierta era "poner orden en las repúblicas de negros", porque "los negros no saben gobernarse" ni explotar sus propios recursos. Una vez terminada la guerra fría se recurrió al racismo disfrazado de "choque de civilizaciones" (Samuel Huntington) o las intervenciones financieras en regiones con "culturas enfermas", como América latina, o en tierras con terroristas de otras religiones como en Medio Oriente, donde, sólo en Irak, dejaron más de un millón de muertos, sin nombre y sin una cifra bien definida, como lo establece la tradición.

Esta moral del esclavo fue y es una práctica común. En 2021, por ejemplo, el candidato favorito de los conservadores a la gobernación de California, Larry Elder, afirmó que es razonable que los blancos exijan una reparación por la abolición de la esclavitud, ya que los negros eran de su propiedad. "Guste o no, la esclavitud era legal", dijo Elder. "La abolición de la esclavitud les arrebató a los amos blancos su propiedad". Elder es un abogado negro por parte de madre, padre, abuelos y tatarabuelos. Es decir, descendiente de propiedad privada. Por la misma lógica, Haití pagó esta compensación a Francia por más de un siglo.

La propuesta del candidato de California fue una respuesta a los movimientos que reclaman una compensación para los descendientes de esclavos. Un argumento en contra es que no heredamos los sufrimientos de nuestros antepasados y cada uno es responsable de su propio destino. Algo muy de la ética y la visión del mundo protestante: uno se pierde o se salva solo. Al protestante no le importa si su hermano o su hija se van al infierno si él se merece el Paraíso. ¿Quién no es feliz en el Paraíso?

Pero el pasado no solo está vivo en la cultura. Está vivo en nuestras instituciones y en cómo se organizan los privilegios de clase. Bastaría con mencionar el sistema electoral de Estados Unidos, una herencia directa del sistema esclavista, por el cual estados rurales y blancos poseen más representación que estados más diversos y con diez veces su aprobación. Por este sistema, en 2016 Trump se convirtió en presidente con casi tres millones de votos menos que Clinton.

También la segregación post esclavista está viva hoy, con guetos de negros, chinos y latinos hacinados en las grandes urbes como una herencia de la libertad ganada en 1865, pero sin sustento económico. Para no seguir con las políticas de segregación urbana con el trazado de autopistas o la criminalización de ciertas drogas, todo con la declarada intención de mantener a unos grupos étnicos en estado de servidumbre y desmoralización. Por no seguir con las fortunas amasadas en el pasado que se trasmitieron a grupos y familias como en la Edad Media se transmitían los títulos de nobleza.

Creo que los latinoamericanos están, por lo menos, unos siglos atrasados en cuanto a una reparación económica por las democracias destruidas y por las dictaduras impuestas a punta de cañón. Desde el despojo de la mitad del territorio mexicano para reinstalar la esclavitud hasta las dictaduras en los protectorados, las guerras bananeras a principios del siglo XX, las múltiples matanzas de obreros, la destrucción de democracias con el único objetivo de eliminar protestas populares y proteger los intereses de grandes compañías como UFCo., ITT, Standard Oil Co., PepsiCo, o Anaconda Mining Co., todos crímenes reconocidos oficialmente por Washington y la CIA, serían argumentos más que suficientes para exigir una reparación.

Sin embargo, como lo indica la lógica de bancos e inversores, la reparación es siempre exigida a las víctimas. Lo mismo se podría decir de la Europa que, por siglos, se enriqueció con cientos de toneladas de oro y miles de toneladas de plata de América latina, o masacrando decenas de millones de africanos al tiempo que les robaban fortunas astronómicas que prueban "el camino correcto del éxito" según Vargas Llosa.

Washington no está en condiciones de moralizar, ni dentro ni fuera de fronteras. Pero su arrogancia procede de su ignorancia histórica o, más probable, de su fe en la desmemoria popular. Claro que, como estamos aquí para aportar, le recordamos su larga historia de matanzas y sermones. Le recordamos que hay unas cuantas cuentas pendientes.

Claro, puedo entender que las soluciones, aunque posibles y justas, son "demasiado utópicas". Por eso quisiera sugerirle, como decía mi abuelita en el campo, "señores, calladitos se ven más bonitos".

LA DESHUMANIZACIÓN DE LOS (INMIGRANTES) POBRES

A FINES DE LOS AÑOS 70, MI PADRE les compró un televisor a sus suegros. Ellos vivían en una granja sin electricidad en Colonia, Uruguay. Allí, mi hermano y yo pasábamos los tres meses del verano, los meses más felices del año, trabajando en el campo (con frecuencia al sol, durante horas; no era una imposición, sino el reflejo de la ética del trabajo de los abuelos). Por las noches, podíamos ver dos horas de televisión argentina, porque eso era lo que duraba la batería que alimentaba un cargador artesanal de viento. Uno de los programas favoritos de los niños era *El Chavo del 8*.

En una conversación reciente, Fernando Buen Abad me hizo notar la violencia permanente que sufría El Chavo. Yo nunca había reparado en ese tema que ocupaba a Fernando. De hecho, me hizo recordar que siempre me dolía la escena de don Ramón golpeando al niño cada cinco o diez minutos, pero, al mismo tiempo, lo tomaba como algo gracioso. De la misma forma, disfrutábamos del humor sexista de Benny Hill, uno de los actores más creativos en ese género. La violencia es fácil de naturalizar, incluso (o sobre todo) cuando se la presenta como algo divertido. También para los espectadores de las corridas de toros, el espectáculo de la tortura animal es algo divertido.

El pasado 2 de octubre, la embajada de Estados Unidos en México lanzó una campaña publicitaria destinada a quienes estaban pensando emigrar, recurriendo a El Quico, el segundo personaje más importante de la serie *El Chavo*, sino el primero. El publicitario está lleno de las famosas frases de nuestro querido antihéroe de la infancia, cuarenta años mayor pero vestido y hablando de la misma forma:

"Cállate, cállate porque me desesperas… No cruces la frontera de Estados Unidos porque pueden estar en peligro tu papá, tu mamá, tu tío, tu perro, el gato, el perico… Mejor, cruza legal. Ándale, dime que sí. Si lo haces, sí me simpatizas". El anuncio cierra con "Cruza legal" y "Utiliza las vías legales". Nada muy diferente de lo que cualquiera de nosotros recomienda cada tanto. Entonces, ¿cuál es el problema?

El Quico (la Embajada) no le está hablando a un niño que no puede realizar ningún trámite. Le está hablando a adultos, a quienes trata como si fueran niños. Pero esto sería un detalle, considerando la tragedia del contexto.

El discurso de la inmigración legal ha sido la tradicional muletilla para justificar cada uno de los ataques contra los inmigrantes pobres que, en Estados Unidos, desde la Doctrina Monroe y el Destino Manifiesto se lava con la excusa de la legalidad. "No estamos contra los inmigrantes, sino contra la inmigración ilegal". Por eso en 1882 prohibieron, legalmente, la inmigración de asiáticos y no pararon filtrando razas indeseables hasta 1965. En 2017 el presidente Trump reemplazó *razas* por *naciones*.

El eslogan de la embajada "Cruza legal" también es demagógico. Los embajadores estadounidenses saben, mejor que nadie, que *los pobres no cruzan de forma ilegal porque sea más fácil o porque sea más barato*. Un coyote les cobra miles de dólares para dejarlos tirados en el desierto. Cruzan de ilegales porque son pobres o no tienen una beca universitaria, y las embajadas no otorgan visas a los pobres ni a los obreros que no pudieron estudiar.

Voy a repetirme: si esos países empobrecidos del sur fuesen a reclamar una indemnización por más de un siglo de saqueos, de golpes de Estados, de destrucción de democracias o de apoyos a dictaduras amigas que dejaron varios cientos de miles de muertos sólo en América Central, no nos darían las reservas del Tesoro Nacional ni todo el oro de Fort Knox.

Así que, por lo menos, podríamos dejar de tratar a los inmigrantes ilegales como niños y como criminales. La solución de la pobreza y la violencia del mundo no está en las manos de un solo gobierno, pero dejar de deshumanizar a los pobres, como niños buenos o como adultos malos, podría ayudar en algo. Bastante deshumanizados ya están como mano de obra desechable.

Los estadounidenses deberían agradecer que todavía hay pobres que quieren venir a trabajar a este país. Pero todavía no han tomado conciencia de que gran parte de su prosperidad (asentada en sus medios imperiales, desde la fuerza militar hasta la emisión de la divisa global) se basó en la necesidad de sobrevivencia de los habitantes de las neocolonias, ya sean profesionales especializados en la punta de la pirámide laboral o de inmigrantes pobres y sin títulos universitarios en la base. Justo en los dos extremos donde, desde hace décadas, existe un déficit crónico.

Sin embargo, al mismo tiempo que este flujo de fuerza productiva comienza a secarse en Europa y en Estados Unidos por la misma razón (por la pérdida de la hegemonía global y su poder de acoso y saqueo de los últimos siglos), en lugar de competir por los inmigrantes del mundo, insisten en obstaculizar su ingreso con leyes anacrónicas y discriminatorias, hijas de un viejo y profundo racismo que ha sabido camuflarse de legalidad. Racismo que el mismo embajador Lee Salazar en México sufrió en carne propia, cuando de joven, en Colorado, lo llamaban "mexicano sucio", como si los mexicanos los hubiesen invadido y no al revés.

Ahora, que ya no es tan fácil dictar la moral y las políticas económicas al resto del mundo ni venderles brujas y espejitos a cambio de los recursos que mueven el poder global, entonces explota el fascismo visceral. Esta reacción fascista ha contagiado a otras partes del mundo, aún con situaciones sociales y económicas opuestas, como en las neocolonias que, por generaciones, han copiado las tendencias de la moda y de las ideologías del Norte. Ahora, una parte de las neocolonias es la encargada de mantener viva la mentalidad del colonizado, aunque más no sea como inercia cultural. Así aparecen los Jair Bolsonaro y los Javier Milei repitiendo ideas del imperialismo del siglo XIX con las narrativas de la Guerra Fría, como si fuesen la última novedad.

Yo también aconsejo que nadie emigre de forma ilegal. Es una forma de convertirse en un esclavo moderno, como los europeos pobres se vendían como esclavos *indenture* en el siglo XIX, no porque quisieran hacerlo sino porque sus otras opciones eran el hambre y la muerte. Como esos *indenture*, el resto de los inmigrantes pobres también fueron criminalizados al llegar a este país, sobre todo si pertenecían a una variación corrupta de la sangre blanca, como era el caso de los irlandeses, primero, y de los italianos después.

Pero ¿quién soy yo, o cualquier otro, para juzgar y criminalizar a un padre o a una madre desesperada que sólo lucha por una vida mejor para su familia y, al llegar, encuentra más violencia y más miseria humana? En lugar de vender políticas infantiles, las leyes de inmigración bien podrían dejar de criminalizar a los trabajadores sin grandes cuentas bancarias.

Aquí, señores embajadores, necesitamos más gente como esa. No más inútiles de las oligarquías del Sur.

LA EXTREMA DERECHA Y EL DERECHO EXTREMO

UNA DE LAS ESPECIALIDADES DE UN PODER dominante es su capacidad para secuestrar logros y méritos ajenos, desde los progresos materiales hasta los progresos sociales. Así, el capitalismo, el neoliberalismo y la nueva ideología radical de los negocios (por la cual hasta los pequeños y sufridos empresarios y emprendedores se creen miembros del mismo gremio que integran Elon Musk, la familia Walton y Donald Trump) ha convencido al mundo que le debemos todos los progresos económicos, tecnológicos, científicos y el pan que comemos a su orden benefactor. Este absurdo, fácil de refutar pero fosilizado en la superstición popular, es tan absurdo como la idea de que el capitalismo y la democracia van juntos, cuando la historia demuestra que, en la abrumadora mayoría de los casos, ha significado lo contrario. Los grandes negocios y las corporaciones han promovido múltiples guerras y dictaduras, con la excepción de aquel país de donde procedía ese poder y el interés de orden y buen ejemplo. Uno de estos problemas (solo uno pero de vital importancia) lo advirtió y denunció por cadena de televisión el mismo presidente y general Dwight Eisenhower en 1961, al momento de despedirse de la presidencia: la obscena alianza en su país entre el poder militar y las corporaciones. Lo mismo había hecho el presidente Rutherford Hayes en 1886: "este no es el gobierno del pueblo, por el pueblo y para el pueblo; es un gobierno de las corporaciones, por las corporaciones y para las corporaciones".

La democracia es otro ejemplo de secuestro perfecto, tal como lo fueron las religiones oficiales, por la cual hasta Jesús termina siendo el protector del capitalismo, el portavoz de la ambición desenfrenada de los multimillonarios y bendice guerras y dictaduras de todo tipo. Cuando las democracias fueron inevitables en múltiples países, se las colonizó a través de la gran prensa y de los nuevos medios de comunicación masivos como la radio y el cine.

En Estados Unidos, a fines del siglo XIX los blancos esclavistas, derrotados en la Guerra civil, se rebelaron contra los nuevos derechos de los negros. Crearon el grupo terrorista más antiguo que existe, el KKK, y se popularizaron los alzamientos, linchamientos y hasta intentos directos de golpes de Estado, estilo banana republic. Alguno tuvo éxito. El 9 de noviembre de 1898, una turba tomó la corte de Wilmington, la mayor ciudad de Carolina del Norte, y declaró la *"Independencia de la Raza Blanca"* en base a la *"superioridad del hombre blanco"* y la constitución del país, que *"no había sido escrita para incluir a gente ignorante de origen africano"*. Los negros, la mayoría de esta ciudad, habían logrado participar en las últimas elecciones, eligiendo a algunos representantes. Al día siguiente, dos mil blancos armados tomaron por asalto las calles, destruyeron y quemaron negocios y el único diario de la ciudad administrado por la raza inferior. Como era de esperar, se corrió la voz de que algunos negros habían abierto fuego contra los vándalos blancos, por lo cual se ordenó *"matar a cualquier maldito negro que se deje ver"*. Para poner orden, el gobernador ordenó a los soldados que habían regresado de Cuba (donde le secuestraron a otros negros su propia revolución) tomar la ciudad. Como resultado, algunos cientos de negros fueron ejecutados y miles debieron abandonar sus casas. El gobierno y sus representantes, elegidos en las urnas, fueron reemplazados por una dictadura que nunca se llamará dictadura, sino el gobierno de ciudadanos responsables y pacíficos que habían restaurado *"la ley y el orden"* y la voluntad de Dios. ¿Suena como algo reciente?

Incluso feministas, luchadoras por el voto femenino como Rebecca Latimer Felton, recomendará linchar a los negros que ganaron las elecciones de 1898 en Carolina del Norte, ya que cuanto más educados y cuanto más participan en política, mayor amenaza suponen a la virginidad de las indefensas mujeres blancas. El linchamiento fue (es) una institución establecida por la raza superior que, no sin ironía, le teme a la superioridad física y sexual de las razas inferiores. Felton, campeona de la modernización de la educación, no dejaba de insistir que, cuanto más dinero se invierte en la educación de los negros, más crímenes comenten. Por años, argumentó que otorgarle el derecho al voto conduciría a la violación de las mujeres blancas. Aunque desde inmemoriales generaciones las violaciones generalmente eran cometidas por hombres blancos contra jóvenes negras, la fantasía pornográfica del poder nunca descansó y Felton recomendó mil linchamientos por semana para menguar el apetito sexual de estos hombres oscuros e ignorantes que ella considera gorilas. En 1922, por 24 horas, la feminista racista se convirtió en la primera senadora de Estados Unidos por Georgia. La segunda mujer fue Kelly Loeffler, también por Georgia, quien, en enero de 2021, perdió con el candidato negro Raphael Warnock. Ese mismo día, miles de fanáticos blancos asaltaron el Congreso en Washington, donde el colegio electoral iba a confirmar su derrota.

En el siglo XX, como forma de evitar la catástrofe de la raza blanca anunciada por Charles Pearson, se sustituirá la palabra *raza* por *comunismo*. El enroque semántico es tan efectivo que sobrevivirá a varias generaciones de críticos inadaptados, antipatriotas y todo tipo de radicales extremistas de izquierda. En América latina, la extrema izquierda más radical también fue un inevitable efecto colateral del poder imperial. Ni Cuba ni Venezuela ni ninguna otra experiencia independentista hubiesen sido lo que fueron y lo que son sin la persistente y profunda intervención de Washington y las megacorporaciones del norte. La extrema derecha, desde las dictaduras militares hasta las democracias tuteladas, justificadas en la reacción contra la reacción, también. Theodore Roosevelt lo había puesto por escrito en 1897: "la democracia de este siglo no necesita más justificación para su existencia que el simple hecho de que ha sido organizada para que la raza blanca se quede con las mejores tierras del Nuevo mundo". Los blancos ricos, para ser más precisos.

Ahora en Estados Unidos, los hechos presentes y por venir moverán el espectro político un poco hacia la izquierda, el cual, debido al recambio generacional, ya iba en esa dirección antes de la reacción conservadora liderada por Trump. Trump no logrará el apoyo del Pentágono por una diferencia funcional entre los ejércitos de EE.UU. y los de América latina. Siempre han sido complementarios: el de Estados Unidos se encarga del nivel internacional y los del Tercer mundo del asunto doméstico, no peleando ninguna guerra con otros ejércitos sino reprimiendo los reclamos populares en el interior de sus países.

En Estados Unidos, los movimientos populares y progresistas fueron centrales en sus cambios sociales más profundos, desde la abolición de la esclavitud, la lucha por los derechos laborales, el voto femenino, hasta la lucha por los derechos civiles de los años sesenta y setenta (como recordamos más arriba, con frecuencia estos movimientos también fueron secuestrados por la reacción del poder herido). La extrema derecha, en cambio, es la permanente reacción en favor de los amos, de los de arriba, casi siempre liderada por los mismos esclavos y capataces de abajo. *Ahora, en Estados Unidos, como en Europa y en América Latina, la extrema derecha es una manifestación colateral del poder social y político que, con la frustración de sus miembros sin poder, crean una inestabilidad social que se convierte en una amenaza a los mismos intereses del poder a los que sirven.* De repente, Wall Street y las corporaciones dominantes claman por la "restauración del orden".

La impredecibilidad es el segundo mayor enemigo de los inversionistas.

FASCISMO, NARCISISMO COLECTIVO Y EL MIEDO A LA LIBERTAD

LAS INVESTIGACIONES PSICOLÓGICAS sobre narcisismo en las últimas generaciones no han llegado a una conclusión clara. Tal vez porque todas, aunque buscan entender un fenómeno colectivo, se centran en el estudio de individuos.

La discusión es menos ambigua cuando, por ejemplo, consideramos los nuevos medios de comunicación que se benefician económicamente de "la globalización del yo", aunque sea tan fugaz como una pompa de jabón, representada en prácticas obsesivas como las *selfies* y la publicación de hechos personales e irrelevantes, algo ausente en las generaciones anteriores a excepción de las vedettes y de algunas pocas celebridades. Si antes un hecho ocurrido en el barrio no era real si no aparecía en la televisión, hoy la experiencia de felicidad por un viaje o por el nacimiento de un hijo no es real (o no es completa) si el individuo no se lo cuenta al mundo entero. Así, al mismo tiempo que las relaciones comunitarias desaparecen, el ego narcisista se disuelve en el espejo de una comunidad anónima, inexistente.

Existe un entendido popular de que tanto en el comunismo como en el fascismo el individuo desaparece. Paradójicamente, la narrativa es la contraria cuando se refiere al individualismo capitalista. Pero individuo e individualismo, como libertad y liberalismo no son equivalentes sino opuestos. El neofascismo tiene más que ver con los segundos. Veamos.

En *El miedo a la libertad*, Erich Fromm adelantó en 1941 la idea de que el individuo escapa de la incertidumbre renunciando a su libertad y poniéndola en manos de una autoridad o de una creencia. Por ejemplo, la predestinación calvinista como solución a la inestabilidad creada por el capitalismo. Esta ha sido una práctica común por milenios: el individuo pone su fe en un profeta o en un sistema religioso y calma así su ansiedad ante la posibilidad de cometer un error capital, sea en este mundo como en el más allá (nos detuvimos en esto en *Crítica de la pasión pura*, 1998). De la misma forma, el ritual, opuesto a la festividad, es la necesidad de poner *orden* y *predictibilidad* en un mundo impredecible y fuera de control. También la obsesión fascista sobre el pasado es el miedo al futuro de un presente inestable.

Los estudios psicológicos actuales no consideran el narcisismo colectivo, tribal (el neofascismo) que, en cualquier caso, no trasciende nunca las fronteras nacionales porque se define en su necesidad de combatir un antagónico que supone una amenaza a la existencia de su tribu. De ahí su recurrente obsesión a los símbolos y rituales: banderas, escudos, eslóganes, juramentos, tatuajes, ceremonias de iniciación, de salvación, gritos, gesticulaciones y todo tipo de lenguaje primitivo, no verbal. Al fin y al cabo, no dejamos de ser primates caídos de los árboles.

La mayor expresión de narcisismo colectivo en la historia es el nacionalismo. En sus orígenes no estaba tan definido por fronteras como por una etnia. Luego, como colección de etnias, por una religión. Todos los pueblos fundados en el nacionalismo se definieron como elegidos por sus dioses. El más conocido por la tradición occidental es el pueblo hebreo y, más recientemente, los imperios modernos, desde el inglés hasta el Destino manifiesto del Estados Unidos en plena expansión territorial durante el siglo XIX.

Este narcisismo colectivo se agrava en tiempos de crisis, como ocurrió en Europa hace un siglo: la inestabilidad económica, el orgullo herido y la propaganda de los nuevos medios conformaron la tríada perfecta y necesaria para el resurgimiento cíclico del fascismo. El fascismo necesita mirar hacia el pasado y ver hechos mitológicos que nunca existieron o fueron magnificados como santos, heroicos y grandiosos. Es la psicología de la inestabilidad y del miedo en búsqueda de la solidez de un pasado fácil de manipular por el deseo y la propaganda.

Hoy la propaganda de la radio ha sido sustituida por la propaganda de los medios digitales, de las redes sociales. Si bien como principio el fascismo no es ideológicamente consistente con el capitalismo y menos con el liberalismo clásico, ambos, capitalismo y liberalismo se han casado, una vez más, con el fascismo como lo hicieron antes con el imperialismo. Es la conciencia de la decadencia nacional, de la pérdida de los privilegios simbólicos, como la de un trabajador empobrecido o de un mendigo orgulloso de su imperio.

Ahora, si consideramos qué relación tienen los dos datos más duros de la realidad actual, por un lado (1) el surgimiento de la extrema derecha fascista y nacionalista y (2) la hiper concentración de los capitales y del poder financiero en grupos e individuos que se cuentan con los dedos de una mano, creo que es razonable concluir que la popularidad del fascismo no es necesariamente consistente con la hiper acumulación económica del capitalismo, pero es *la mejor forma* de bloquear cualquier cuestionamiento a esa realidad, demonizando y aplastando cualquier crítica y, sobre todo, cualquier opción política o social que la amenace.

La concentración de capitales no solo es una característica fundacional del capitalismo desde el siglo XVII sino que, como cualquier otro sistema anterior, es concentración de poder. El dinero no es inocente y mucho menos cuando acumulado en el centro hegemónico global suma más riqueza que muchos países enteros.

Esta riqueza debe protegerse y expandirse, y para ello necesita del poder político. Necesita administrar las leyes y los ejércitos más poderosos del mundo a nivel internacional y los ejércitos criollos a nivel nacional. Pero este poder político, tanto en las democracias, en las semi democracias y en dictaduras tradicionales necesita controlar la opinión pública, tanto para elegir candidatos obedientes detrás de una máscara histriónica, como para evitar masivas protestas sociales.

Es aquí donde se establece la relación entre fascismo y medios de comunicación. La dictadura es perfecta. Mientras las plataformas de "redes sociales" dedican el uno por ciento al pago de salarios y hacen que mil millones de personas trabajen gratis para unos pocos señores feudales, los *usuarios–usados* lo hacen felices, sintiendo que tienen libertad y publican lo que quieren. Sienten que sus hábitos e ideas son espontáneas, no inoculaciones de un sistema dictatorial.

La raíz del problema está en la estructura de acumulación de riquezas, de consecuente y conveniente producción de miedo, deseo e insatisfacción, una de las industrias más prolíficas del actual sistema capitalista.

Las opciones a este orden son dos: (1) se revierte de forma progresiva la hiper acumulación y el paisaje político, social e ideológico cambia radicalmente o (2) se llega a una crisis total de la civilización (económica, social, ecológica) y los humanos son obligados a adaptarse y sobrevivir sobre las ruinas de un sistema hasta que encuentren otra forma de volver a empezar.

La primera opción, la gradualista, es demasiado racional para una mentalidad autocomplaciente. Es decir, es la más improbable. La segunda, la más dolorosa, es la más común en la historia de la humanidad. Es decir, la más probable.

OLIMPÍADAS DE SANGRE.
PLUTO ASESINA A IRENE

LAS OLIMPÍADAS GRIEGAS ERAN CAPACES de interrumpir guerras para respetar la sacralidad del evento deportivo. Esa tregua, practicada desde el siglo VIII A.C., se llamaba *ekecheiria*, por la cual tanto los deportistas como los espectadores de naciones en guerra podían viajar seguros a la misma ciudad donde se organizaban los juegos y volver, todo bajo la protección del honor ajeno. Los deportistas y los asistentes solían viajar desde lo que hoy son Grecia, Turquía, Italia e, incluso, desde el norte de África, distancias que para entonces eran más largas y costosas de lo que hoy puede ser un viaje de Tierra del Fuego o de Jakarta a París.

Antes de convertirse en otro producto comercial en nuestra civilización capitalista, la diosa de los juegos olímpicos eran Nike, o *victoria*, grito de Maratón antes de caer muerto por su esfuerzo heroico. La *ekecheiria*, la tregua, la suspensión de todas las guerras estaba dedicada a Irene (Eirene), la diosa de la Paz y hermana de Dike, diosa de la justicia. Los artistas griegos solían representarla como una joven hermosa con el niño Pluto sostenido en su brazo izquierdo, a pesar de que Pluto no era su hijo. Como la estatua de la libertad de Nueva York, Irene también tenía una corona y, en su brazo derecho, levantaba una antorcha. Antes de

convertirse en un nuevo mito (el mito capitalista de la *libertad de apropiación*) este gesto y el mismo concepto de *libertad*
tuvo un significado muy diferente al actual y, por miles de
años, fue más o menos el mismo en diferentes culturas de
diferentes pueblos y continentes: era el gesto del gobernador
generoso que se asomaba ante el pueblo para anunciar que
en ese momento histórico, las deudas de los de abajo queda-
ban anuladas. Este gesto no era simplemente un acto de generosidad, sino una necesidad existencial para la
continuación del funcionamiento de una sociedad estancada,
en declive. De ahí la idea de *libertad*, ya que muchos esclavos
y no esclavos no eran libres por sus deudas, exactamente
como hoy en día. Como lo explicó el gran economista estadounidense experto en deudas, Michael Hudson, la frase "*Señor, perdona nuestros pecados*" procede del más antiguo y
repetido reclamo de "señor, perdona nuestras deudas", que
se encuentra incluso en la Biblia—cuando es traducida sin
los dogmas religiosos del momento.

El Pluto que sostenía Irene, la diosa de la paz, era (o es)
el dios de la riqueza, lo cual, para un mundo antiguo, tenía
sentido: de la paz surge la prosperidad. Por una trágica ironía, hoy las llamadas democracias son plutocracias, es decir,
son la expresión del poder de los ricos y son éstos quienes
multiplican sus riquezas con cada guerra. Para los inversores
capitalistas, la renta de la paz es poca y es lenta.

Luego de 2700 años, finalmente, nos hemos civilizado
y las cosas son diferentes. Pluto creció y asesinó a Irene, lo
que explica la abolición de la *ekecheiria* en los Juegos

Olímpicos y en cualquier otro gran evento deportivo como los mundiales de fútbol. En 1992 se intentó revivir esta tradición antigua y las Naciones Unidas aprobaron una resolución que, como muchas de sus resoluciones sólo se aplican cuando benefician o no molestan a los matones del barrio.

Ahora, los grandes eventos deportivos, no sólo las olimpíadas, siempre estuvieron marcados por la política mayor. Algunos casos ocurridos en el último siglo son recordados por los libros de historia más por sus traiciones políticas que por los logros deportivos.

Luego de ganarlo todo, Uruguay se negó a participar en el mundial de fútbol de Italia 1934, como protesta a la arrogancia europea que se quejó de que la primer mundial organizado por Uruguay estaba muy lejos del centro, lo que me recuerda a la broma que a veces me hacía mi querido padre: *"mejor vení vos, que estás más cerca"*. Uruguay había viajado a las olimpiadas organizadas en Europa en París 1924 y Ámsterdam 1928 y las había ganado las dos, cuando por entonces esos eran los torneos mundiales de fútbol donde cada país enviaba los mejores, no equipos alternativos o con límites de edad, como hoy.

Para Francia 1938, Uruguay tampoco participó. Volvió a protestar porque los europeos decidieron romper la promesa de un mundial en cada continente (la sede le tocaba a Argentina, donde hasta hoy Uruguay es siempre favorito), y para respetar el boicot contra el fascismo, por entonces liderado por Hitler y Mussolini. Además, Uruguay fue la primer selección que competía en torneos internacionales con un jugador negro, lo que no dejaba de ser una declaración ética y política que incomodaba a muchos, incluso a algunos países latinoamericanos.

No por casualidad, Italia volvió a ganar ese mundial hasta que se suspendieron por la guerra y, cuando se reiniciaron en Brasil, Uruguay volvió a ganarlo con el famoso maracanazo, mito nacional que forma parte del ADN psicológico de aquel pequeño y despoblado país.

Algo similar se puede decir de la copa del mundo Argentina 1978. Uruguay no participó no por razones políticas, sino por su propio fracaso en las eliminatorias —aunque la negativa de citar a sus mejores jugadores del extranjero para las eliminatorias pudo deberse a la misma dictadura militar de entonces, pero esto es solo una nota para los expertos en la historia del fútbol.

La copa del mundo del 78 fue un regalo para el genocida Rafael Videla, quien no escatimó presionar a sus propios jugadores en los entrenamientos, a selecciones extranjeras (como la de Perú) y de apresurarse a salir en la foto cuando Argentina logró su primera conquista mundial, un logro muy diferente al de 1986. Fue una fiesta político-deportiva en medio de las matanzas y desapariciones de un régimen fascista que usó el campeonato como Mussolini había usado el Mundial del 34, Hitler las Olimpíadas de 1936 y, en 1938, el Mundial de la FIFA, tipo *Die Europa über alles* —Europa sobre todo, Europa primero.

Algo similar dirán los historiadores de las Olimpíadas de París 2024. Serán recordadas como las olimpíadas del genocidio, con distintos nombres. Ninguna de las guerras en curso han provocado ninguna *ekecheiria* (tregua), sino todo lo contrario. En la era de los medios, los poderosos esperan siempre alguna gran distracción mundial para cometer sus peores atrocidades. Como en el caso de los años del nazismo y del fascismo, el único efecto consistió en marginar a quienes no eran los favoritos del poder político central, como Rusia, e invitar a participar a Israel, en medio de uno de los peores genocidios de las últimas generaciones, con el agravante de que no sólo está fundamentado en el racismo explícito, indisimulado (no sin paradoja, es en los deportes donde podemos observar la mayor resistencia al racismo), sino que es cometido con las armas, el dinero y la bendición mediática del mismo centro hegemónico que, como en tiempos de la esclavitud, se golpean el pecho definiéndose como los campeones de la Democracia, la Libertad y los Derechos Humanos.

Tres categorías morales en las cuales no llegan a ninguna medalla —pero se las cuelgan igual.

ÍNDICE DE PALABRAS CLAVES

www.ingramcontent.com/pod-product-compliance
Lightning Source LLC
Chambersburg PA
CBHW052124270326
41930CB00012B/2753